Crónicas de don Guido

I

Las cabañuelas de agosto

Colección Autores Españoles
e Hispanoamericanos

Paquita

Antonio Burgos

Crónicas de don Guido

I

Las cabañuelas de agosto

Novela

Premio Ateneo de Sevilla
1982

Planeta

COLECCIÓN AUTORES ESPAÑOLES
E HISPANOAMERICANOS
Dirección: Rafael Borràs Betriu
Consejo de Redacción: María Teresa Arbó, Marcel Plans, Carlos Pujol y Xavier Vilaró

Editorial Planeta, S. A., Córcega, 273-277, Barcelona-8 (España)

Diseño colección y sobrecubierta de Hans Romberg (foto Alberto Viñals y realización de Jordi Royo)

Primera edición: setiembre de 1982

Depósito legal: B. 26583 - 1982

ISBN 84-320-5550-6

Printed in Spain - Impreso en España

«Duplex, S. A.», Ciudad de la Asunción, 26-D, Barcelona-30

Para mis padres, que me enseñaron a amar la ciudad de los don Guidos.

Las más bajas e inicuas intrigas habían llevado a la Junta, que ejercía allí el gobierno supremo, a algunas personas de lo más vergonzoso e inútil de la ciudad. Se habían pasado por alto los crímenes más flagrantes, e incluso se había llegado a premiar y promover a los agentes empleados en cumplir venganzas personales.

José María Blanco White
Autobiografía

Al fin, una pulmonía
mató a don Guido, y están
las campanas todo el día
doblando por él: ¡din-dan!

Murió don Guido, un señor
de mozo muy jaranero,
muy galán y algo torero;
de viejo, gran rezador.

Dicen que tuvo un serrallo
este señor de Sevilla;
que era diestro
en manejar el caballo,
y un maestro
en refrescar manzanilla.

Cuando mermó su riqueza,
era su monomanía
pensar que pensar debía
en asentar la cabeza.

Y asentóla
de una manera española,
que fue casarse con una
doncella de gran fortuna;
y repintar sus blasones,
hablar de las tradiciones
de su casa,
a escándalos y amoríos
poner tasa,
sordina a sus desvaríos.

Gran pagano,
se hizo hermano
de una santa cofradía;
el Jueves Santo salía,
llevando un cirio en la mano
—¡aquel trueno!—,
vestido de nazareno.
Hoy nos dice la campana
que han de llevarse mañana
al buen don Guido, muy serio,
camino del cementerio.

Buen don Guido, ya eres ido
y para siempre jamás...
Alguien dirá: ¿Qué dejaste?
Yo pregunto: ¿Qué llevaste
al mundo donde hoy estás?

¿Tu amor a los alamares
y a las sedas y a los oros,
y a la sangre de los toros
y al humo de los altares?

¡Buen don Guido y equipaje,
buen viaje!...

El acá
y el allá,
caballero,
se ve en tu rostro marchito,
lo infinito:
cero, cero.

¡Oh las enjutas mejillas,
amarillas,
y los párpados de cera,
y la fina calavera
en la almohada del lecho!

¡Oh fin de una aristocracia!
La barba canosa y lacia
sobre el pecho;
metido en tosco sayal,
las yertas manos en cruz,
¡tan formal!
el caballero andaluz.

ANTONIO MACHADO
Llanto de las virtudes
y coplas por la muerte de don Guido

—¿MI NOMBRE? Rosario Delgado Cruz. Yo estaba aquí en la casa de don Blas Infante desde el treinta y cuatro, estaba cuando nació Alegría. Aquí se conoció que se habían sublevado porque venía muchísima gente huyendo de Sevilla. Y don Blas, pues no pudo llegar. Salió y se volvió. Él habló muy pocas palabras. Dijo que estaba toda Sevilla revuelta, y que se había tenido que volver porque los tranvías no entraban.

Él, cuando vinieron por las armas, habló con el cuartel de la Guardia Civil de Coria. Quiénes vinieron por las armas no se lo puedo decir porque eran particulares. Hombres particulares fueron los que vinieron por las armas. Pero no puedo decirles quiénes son, porque me parece que fueron quitados de en medio en el tiempo de él. Sé con exactitud que les pasó la misma desgracia que a él.

Don Blas no tenía esa preocupación de creer que por él iban a venir. Tanto. La señora le preguntó, Blas, ¿tú tienes algo? Dice, ¿yo?, yo no sé que yo tenga nada.

A él no le dio tiempo tampoco a nada, porque a él se lo llevaron el dos de agosto. Según yo creo, las tropas entraron en Coria y en La Puebla el dieciocho, porque es que... ¿Se tomó Sevilla, no? Y de seguida vino el «Mogador» por aquí.

Por cierto, él estaba aquí dentro cuando vino el «Mo-

gador». Recogió los cuatro niños y a mis dos hermanos que estaban en la puerta. Y él los recogió a todos y se metió en la biblioteca con ellos. Durante aquella noche, estuvieron todos metidos en la biblioteca: mi madre, mis hermanos, los tres, y todos los niños. Y él y yo éramos los que andábamos, dice, tú y yo, de centinela, danzando para allá y para acá. Y mi padre entraba de vez en cuando. Porque mi padre tenía animales allí enfrente que vivíamos nosotros, que hoy es de aquí.

Y mi padre entraba, daba vueltas, y se volvía a ir otra vez. No sentimos nada en toda la noche. Porque de seguida vino un avión echando papeles, diciendo que si no se entregaba el pueblo...

Porque el «Mogador», de aquí, mató a dos o tres, incluso hasta a una mujer que iba caminando, de Coria. Y de aquí, mataron al conde de Villacreces, dentro del «Mogador». Y por eso decían que mataban a todo el mundo si no se sublevaban. Porque como los que habían matado aquí no tenían importancia, lo que tenía importancia era el conde de Villacreces nada más, pues de seguida vino un avión repartiendo papeles. La gente, se asustaron, todo el mundo. Y evacuaron al pueblo. Todos se fueron por el campo.

Nosotros no nos parábamos a escuchar la radio. Él sí escuchaba la radio, escuchaba las noticias y eso. Pero que, vamos, que nosotros no nos parábamos aquí a escuchar la radio, nosotros estábamos en la faena. Incluso ni la señora se paraba tampoco. Y él ponía... Él no era, vamos, que no era la persona que estaba siempre pendiente de la radio. Tanto es que la radio se la llevaron con él, la destrozaron y ya no ha andado más.

Aquí no vinieron las tropas. Aquí no vino nada más

que el barco. Y luego ya vino un avión tirando papeles. El día dos de agosto estaba yo en la cocina. Era el día de María de los Ángeles, y como a ella le gustaba muchísimo que se le celebraran las cosas, dice la señora: Mira, como estamos en plan de guerra, pues vamos a hacer un arroz con leche. Como tenemos leche, vamos a hacer un arroz con leche en abundancia. Y ya ve María que se ha celebrado su día, porque no es plan de celebrar en el plan que hay.

En estas palabras, la campanilla de la puerta se venía abajo. Como él, mientras estaba acostado, no quería que se abriera la puerta aquella, pues yo salí por aquí.

Y si no me salto el arriate, pues me tiran. Porque venían con plan de darme un empujón con la culata del fusil. Me eché para un lado y se entraron ellos, forzando las puertas. Entonces la señora se defendió diciendo que aunque no se tratara con él, pero que era sobrina de don Pedro Parias, que era el gobernador en aquel momento. Y ya se aguantaron.

Y le dijo uno de ellos, dice, señora, pues si es usted sobrina de don Pedro Parias, trate usted de hacer las paces lo más pronto posible con su tío. Que minutos que pierda usted, le están haciendo falta.

Entraron y lo sacaron para fuera. Y cuando llegó aquí, a su hijo Blas le dio un beso. No se despidió de más nadie ni nada. Yo le había puesto, porque él no había desayunado ni nada, le puse una taza de café negro que a él le gustaba. Se la puse cargada. Por no decirme que no, porque él era, tenía esos modos y esa clase de condición, cogió, se tomó dos buchitos y me la dejó.

Aquí no lo esposaron, delante de nosotros. Pero

dicen que cuando llegó al coche lo esposaron. Delante de nosotros no lo esposaron. Yo no salí. Yo no le puedo a usted decirle cómo era el coche porque nosotros no salimos ninguno a ver el coche cómo era.

Venían vestidos de falanges. De falanges. Uno era cabo, otro era teniente, otro era... Aquí vino... De Coria, dos, un falange y uno que venía haciendo cabo de Guardia Civil, pero no es porque era guardia civil, sino de los que eran agregados en esos momentos y venía explorando lo que no exploraban los guardias civiles de aquí, pues lo exploraba él. Venían cuatro. Dos entraron por él, y uno entró por la radio, y otro se quedó en la puerta. Por cierto, el que se quedó en la puerta era el único que venía de Coria. Y los otros que venían, uno de ellos incluso decían que era de Cantillana, me parece. De Cantillana o de Lora, de por ahí era.

Por cierto, uno de los que venían más avanzados, traía al otro detrás, y fue al que lo dejaron haciéndole guardia a don Blas cuando estaba en comisaría. Y a la señora le dieron una hora para hablar con él. Y entonces el hombre fue y se retiró. Y le dice, señora, perdóneme usted, pero yo no era yo. Era el que venía detrás de mí.

Los nombres de los que venían, no lo sé. Ellos lo que hablaron, lo hablaron dentro de la habitación. Lo único que oí decir luego es que la orden que traían era no llegar con él a Sevilla. Y al decir la señora de quién era, se aguantaron.

Y ya llegaron con él a Sevilla.

DE MOZO MUY JARANERO

1931

ENTRABA LA PRIMAVERA por el balcón de la calle Francos. Lejos, se oían las campanas de algunos conventos. Paco Fuentes sintió en el cuarto de sus padres un revuelo extraño para aquella hora, y pensaba abandonar los libros, que era ya avanzada la mañana, cuando entró su madre, vestida como un día de domingo, el velo sobre la cabeza, el libro de misa con dorados cantos en la mano:

—Adiós, hijo, me voy a Santa Marta a rezar; tú también deberías venirte a rezar…

—¿A rezar ahora, a la hora que es, pero no vamos a comer hoy?

—Setefilla te hará cualquier cosa, hijo.

—¿Pero a qué viene esto?

Paco Fuentes se había levantado muy temprano y, en pijama, con el balcón abierto, se había puesto a estudiar. Le hastiaban ya los continuos sobresaltos de la Facultad y por unos días, después de las elecciones del domingo, se había dedicado a ponerse al día, que junio estaba a la vuelta de la esquina y pronto empezaría a escuchar por las tardes los niños que pregonaban las moñas de jazmines. Qué bien olían los jazmines sobre la mesilla de noche de la madre, junto a las estampas metidas debajo del cristal. Estaba pensando en las estampas cuando la madre lo sacó de dudas:

—¿Que qué pasa? Para unas cosas tan despabilado y para otras tan pánfilo... Tu padre, que me ha llamado de la oficina y me lo ha dicho: han proclamado la República en Madrid y aquí se va a echar la gente a la calle de un momento a otro, él viene ya para acá. Así que yo voy a rezar a Santa Marta, abogada de lo imposible. Si pasa algo, te llegas a avisarme allí, ya sabes en qué banco me pongo. Anda, dale un beso a tu madre...

—Ni que te fueras a la guerra...

—Es que para mí, Paquito, es como si me fuera a la guerra.

Tan nerviosa estaba, que al ir a besarlo se le cayó el libro de misa. Se esparcieron por el dormitorio, debajo de la mesita de estudio, los viejos recordatorios de las primeras comuniones, «El niño Francisco Fuentes de la Torre recibió el Pan de los Ángeles», las negras orlas del Cristo de Velázquez recordando eternamente la muerte del abuelo, hojas del almanaque del Corazón de Jesús con el tiempo detenido entre las dominicias de Adviento. Y Paco se agachó a recoger las estampas, ante los nervios de la madre:

—Hijo, bésalas, las estampas, cuando se caen al suelo, hay que besarlas como el pan. Y además, que no sé qué haces en pijama con la hora que es y con las cosas que están pasando...

—Es que por mucho que pase a mí no me van a aprobar Preparatorio si no estudio.

—Pues haber estudiado antes, y vístete. Adiós, ya sabes, cuando venga tu padre, dile que estoy en Santa Marta, y que si ve que la calle se pone fea, que vaya a recogerme como otras veces.

Sintió los tacones de la madre sobre los escalones de aquel piso de la calle Francos, barrio de comerciantes, que les había quedado tras la muerte del abuelo y el cierre de la tienda de ropa hecha, que estaba en la planta baja, donde ahora habían abierto una tienda de muebles de oficina y máquinas de escribir, abajo tan buenos muebles y él todavía estudiando en la mesita del dormitorio, que ni le cabían los libros ni las libretas de apuntes. Pasó al comedor y desde la cocina le llegó el olor del puchero que estaba preparando Setefilla, como si nada pasara, como si el padre no hubiera firmado la salida mucho antes que otros días en la Delegación de Hacienda, como si la madre no hubiera salido, nervios y medias de seda, para sus devociones en Santa Marta. Debajo de un viejo retrato del abuelo con su uniforme de marino mercante de la juventud de los Puertos, estaba en la pared el teléfono, una alcayata debajo, clavada en el zócalo de azulejos, con la guía. No tenía que mirar el teléfono de Guido, ni buscar entre los números de la calle San Vicente. Lo sabía de memoria, y suponía que Guido seguramente estaría aún en su casa, se levantaba tardísimo y le llevaban el desayuno a la cama, con lo que raro era el día que salía a la calle antes de las doce.

—Guido, ¿te has enterado?

—Sí, han venido a verme para contármelo todo. ¿Tú dónde estás, en la Facultad?

—No, en mi casa, me he quedado estudiando.

—Pues no te muevas de ahí, que paso a recogerte, tenemos una misión.

—¿Una qué?

—Luego te explico. Tú no te muevas de ahí...

Basta que le dijeran que no se moviera de su casa para que por primera vez sintiera ganas de echarse a la calle. Salió entonces al balcón. Vio que la sucursal de los almacenes de Barcelona que había frente a la casa había cerrado, y por el otro lado de la calle, hacia la Catedral, se escuchaban en la lejanía los cierres metálicos de las tiendas que bajaban en horas intempestivas. Los dependientes, en grupos con aire de fiesta, habían salido antes que otros días, y marchaban hacia los barrios, adentrándose por la plaza de las pequeñas tiendas que para él habían pasado desapercibidas, pero que un día le fueron mostradas con una visión nueva por un grupo de poetas que había en la Facultad, y que frecuentaban a un raro muchacho que vivía en la calle Aire, Cernuda se llamaba, aquel poeta se había ido a Madrid pero a todos los de aquel grupo, «Mediodía» llevaba por título, les había dejado una honda impresión, y algunos, como Carlos García, se seguía carteando con él, no le iban mal las cosas en Madrid.

Sobre el cielo, lento, en bajo vuelo, oyó los motores de un avión militar, que se perdió pronto, sobre la cúpula del Salvador. Le encontraba Paco Fuentes una especial belleza al sonido de los aviones, le gustaba contemplarlos por la tarde desde la azotea, desde que aquella tarde subieron todos a ver cómo el «Zeppelin», gaseosamente lento, como un veguero del progreso alemán, era como un barco de los que bajaban a Sanlúcar dejando una ancha estela en el río, pero flotando en el aire de su ciudad querida, nunca olvidará aquel barco navegando el aire junto a la torre y junto a las cresterías de la Catedral, y aquella misma tarde le hizo un poema ultraísta, poema que habría de quedar para siempre en las carpetas de las cartas de la novia, de los papeles que quizá sus nietos vean una tarde en que hayan de saldar en almoneda sus muebles. Si no hubiera distinguido como un avión militar a aquel que pasaba, ronco y alto, quizá hubiera pensado que era una avioneta del Club, al que sabía que pertenecía Guido, que más de un día le había explicado cómo se veía la ciudad desde el cielo, qué poema ultraísta hubiera escrito Paco Fuentes desde una avioneta.

Pero la calle estaba ya vacía, inusual en aquella hora, y volvió a encerrarse en el dormitorio, otra vez la luz sobre los libros, hasta que le interrumpió Setefilla, la criada:

—Señorito Paco, que está ahí el señorito don Guido y pregunta por usted. Viene más raro...

—¿Cómo que viene raro?

—Verá usted cómo viene vestido, señorito, parece que se ha escapado de una función del Teatro del Duque...

Guido venía, efectivamente, disfrazado. Por vez primera lo veía sin sus caros trajes de buen sastre, paño inglés en el invierno, seda italiana de color hueso en el verano. Se había puesto un pantalón de patén, y una chaqueta cruzada, viejísima, a cuadros, de algún viejo traje. Y una camisa de arrugados picos del cuello, sin corbata, pero muy abrochada hasta el último botón, que era como se la ponía la gente del campo cuando venía a la capital. Y se cubría con una gorra de amplios vuelos y breve visera, gorra más de viejo *sportman* que del hombre de barrio que trataba de emular. Con lo alto que era, el color rojizo de cara y manos, como de haberle dado mucho sol en el campo, con aquella ropa de trabajo, oculto el pelo rubio con la gorra, sólo la elegancia de sus movimientos podría delatar que bajo aquel atuendo, sí, era como uno de los catetos que salían en las comedias del Teatro del Duque, se ocultaba Guido Flores y Arias de Reina, el hijo único del marqués de Flores. Tanto le sorprendió, y más después de las lágrimas que vio que su madre se iba secando escaleras abajo, cuando se iba para Santa Marta, que Paco pensó por vez primera en la mañana que algo grave estaba ocurriendo.

—¿Pero a qué baile de carnaval vamos, Guido, se puede saber?

—Menudo baile, no hagas bromas, que la situación es muy seria. Un correligionario me ha llamado y me ha contado lo que pasa en Madrid. En Telégrafos han puesto la bandera republicana, ha caído el Gobierno; el Rey, o se ha ido o va a irse. La Monarquía ha caído con las elecciones del domingo, Paco. Y aquí parece que ha dimitido el Ayuntamiento, que el gobernador quiere entregar el mando y que los militares no saben qué hacer. Dios quiera que las turbas no se echen a la calle.

—¿El qué?

—Sí, la gente, que se vengan de los barrios y quieran tomar el Alcázar o yo qué sé...

—¿Y tú lo vas a arreglar esto vestido de manijero de los Quintero?

—Déjate de bromas, Paco, y ponte la ropa más vieja que tengas. Me han encargado que nos echemos a la calle, todos los compañeros se han echado, para ver qué pasa y para que mantengamos informados a todos.

Ya unos se han ido a Pineda, a los cuarteles, a ver si hay movimiento de tropas...

—¿Pero estamos en otro Jaca?

—No, Paco, es algo más gordo. Jaca fue un ensayo, esto es ya la función...

—Y tú haces el papel del manijero de la señorita Rosa, que está enamorado de ella...

—Déjate de cachondeo, Paco, que esto es muy serio, no sabemos ni lo que pasa ni lo que va a pasar, ¿tú qué has visto?

—Pues que los dependientes echaban los cierres y se iban a sus casas.

—¿Pero en qué plan?

—Como cuando ha habido huelga. No, más bien como si fuera una fiesta... Y han pasado unos aviones... Pero, bueno, ¿qué quieres que yo te cuente? Primero me dices que no me mueva de aquí y ahora me dices que te informe. ¿Tú te has creído que yo soy de *El Liberal*? Por cierto, ¿tú has comido?

—No, anda, arréglate, que nos tenemos que ir. Nuestro sitio es la Plaza Nueva, que dicen que va a ir una manifestación y van a proclamar la República.

—Pues vamos a comer; que la República nos coja con el estómago vacío no puede ser bueno.

—¿Qué hay?

—¿Qué va a haber? Puchero de garbanzos, ¿tú te crees que esto es tu casa? Aquí comemos puchero todos los días y arroz los domingos, Guido...

Sin esperar que volviera el padre de la Delegación de Hacienda, se pusieron los dos a comer. Guido no se quitó la chaqueta, y viéndolo con el ansia que colmaba las cucharadas de garbanzos, cualquiera podría creerlo un muchacho de los corrales, de los patios de vecinos de San Julián o de San Román, que hubiera venido a ver a la novia, criada en una casa de medio pelo del centro.

—Están buenos los garbanzos...

—Se ve que tú los pruebas poco, si no, no podrías decir que unos garbanzos están buenos...

Terminaron de comer apresuradamente, y Guido puso la radio mientras Paco entraba en su cuarto a cambiarse. Sobre los pitidos del dial para arriba y para abajo en el aparato con funda de cretona y ventanilla para la aguja de las estaciones, oía desde el cuarto las recomendaciones:

—Ponte como yo, lo más viejo que tengas, que no vean que somos unos señoritos...

—¿Cómo dices?

Y salió Paco del cuarto abrochándose la correa del pantalón, el mismo traje de listas con que iba a la Facultad, con que Guido solía verlo por las mañanas, cuando se acercaba hasta los corrillos del patio a darles noticias y consignas, siempre mirando a los lados y recelando de los grupos de la FUE que los observaban desde el otro ángulo, al otro lado de la estatua desde donde maese Rodrigo, el fundador, miraba en bronce ciego aquellas mañanas tensas.

—Vale, vas bien así.

—¿Cómo que voy bien así? ¿Quieres que me ponga el esmoquin blanco? ¿Pues qué quieres, que me disfrazara como tú?

Bajaron por la Cuesta del Rosario y sólo notaron que las calles estaban más vacías que de ordinario. Los taxistas de la parada del Salvador hacían corro, y les hubiera gustado acercarse a pegar la oreja.

—Guido, tú dirás lo que quieras, pero como te vea

un taxista de los que te llevan a las ventas, ni gorra ni nada, te reconoce. ¿Por qué te has vestido así? Vas hecho un mamarracho bueno...

Bajaron por Sagasta, y allí ya empezaron a encontrarse grupos. Grupos que venían de los barrios. Tanto le había metido Guido el corazón en un puño, que Paco Fuentes se sorprendió de verlos sonrientes y alegres, como si fueran a los toros o a ver las cofradías. Todas las tiendas estaban ya cerradas, sí, era como un Jueves Santo, pero sin mantillas por la calle y sin tambores. A lo lejos oyeron unos gritos a compás.

—¿Qué dicen?

—Espérate, a ver si nos enteramos...

Venían detrás de ellos. Paco se paró como para abrocharse un zapato, pegado al cierre echado de un escaparate, y los miró. Eran muchachos más jóvenes que ellos, venían en mangas de camisa, arremangadas las listas de muselina sobre los brazos morenos y desnudos, alisado con brillantina el pelo peinado hacia atrás, como Carlos Gardel, muy blanca la raya, cercana el agua de la palangana de la sala y alcoba donde momentos antes se habrían endomingado. ¿Quién los habría avisado?, pensó Paco, ¿cómo irían todos a lo mismo? A él también lo habían avisado, pensó, mientras seguía haciendo como el que se abrocha un zapato, fijo con los oídos en el grupo, que avanzaba entre gritos, y que ahora se habían cogido de los brazos, de fachada a fachada de la acera, como cuando de niños jugaban al atajar la calle que no pase nadie. Pudo distinguir lo que gritaban:

Uno, dos y tres,
que muera Berenguer...

Cuando llegaron a la Plaza Nueva, mezclados ya entre los grupos, a Paco Fuentes sólo le sorprendió una cosa: el olor a azahar.

—Guido, mira cómo huele a azahar, qué maravilla...

—¿Pero serás poeta? ¿Nada más que se te ocurre pensar en el azahar?

—Es que es una maravilla, y ninguno de éstos estará precisamente oliendo al azahar. ¿Se habrán hecho republicanos hasta los naranjos, Guido?

La Plaza olía a Semana Santa. Pero no estaba llena como cuando pasaban las cofradías, ni como cuando había habido algún acto de la Exposición. Era la gente de los barrios. Muy pocas veces los había visto Paco Fuentes así, ellos solos. Se fijaba en las caras, por si veía alguna conocida, pero todas le sonaban como los muchachos de los gritos, pelos hacia atrás, correas del pantalón muy ajustadas, las blusas de patén, las gorras, las alpargatas.

—Guido, ¿dónde había estado esta gente hasta ahora?

—Donde tenía que estar. Tú cállate la boca y no te vayas a poner a decir cosas poéticas tuyas, calladito y a fijarte en todo —le replicó.

Guido estaba muy nervioso. Nunca lo había visto tan nervioso, ni aquella vez que vino a decirle que le parecía que había dejado embarazada a una muchacha de la calle del Sol. Vio en los ojos de Guido por vez primera el odio, conforme se encasquetaba la gorra lo más posible, para no dejar ver sus rizos rubios de señorito. Él podía pasar por uno de la FUE, estaba tranquilo, sólo temía que lo reconociera alguien de la Facultad, sabiendo sus ideas. Y se detuvo en comparar, que estaban allí parados, junto a un naranjo, oliendo la gloria de la primavera, en comparar los ojos de Guido con los de cuantos formaban los grupos, que no cesaban de llegar por todas las bocacalles de la Plaza, aquéllos deben venir de Triana, ésos serán los de San Bernardo, ¿cómo vendrán de tan lejos, si han parado los tranvías? Porque se habían puesto delante, frente al Ayuntamiento, y no dejaban circular los tranvías. Los tranviarios se habían bajado, unos sentados en los estribos esperando, otros charlando con los que desde abajo no hacían sino mirar a los mástiles del balcón de la Plaza, sobre los que el reloj iba avanzando, y el sol iba cayendo.

No, no era odio lo que se veía en aquellas caras, sino ilusión, mujeres con el delantal y los geranios en el moño, trabajadores que habían dado de mano antes que otros días, ¿de dónde habían salido todos?, dependientes, oficinistas, empleados, mozos de comercio, marmolistas, corchotaponeros, maestros, tipógrafos, telegrafistas, oficiales sastres, carboneros, carreros, panaderos, escayolistas, albañiles, chóferes, barberos, montañeses de las tabernas y de las tiendas de ultramarinos, sirgueros del río, cargadores del muelle, sombrereros, zapateros remendones, carpinteros de lo blanco, músicos de los cines de verano y de los cabarés, los hombres de los tejares, de la fábrica de tornillos, los drogueros, carteros, gandingueros, pescaderos de la Feria, viajantes, lampisteros. Paco Fuentes los veía, todos alegres, que el odio no se veía más que cuando empezaban por alguna parte los *vivas* y los *mueras*, todos como a una gran fiesta a la que ellos no hubieran sido invitados. Se le ocurrió y se lo dijo a Guido:

—Guido, ésta es la primera fiesta después de la Exposición que a ti no te invitan y te has tenido que colar...

Guido ni se atrevía a contestarle. Y pensaba Paco Fuentes que aquélla era su ciudad. Que aquéllos eran los que vivían en las casas cuyos tejados veía cuando subía de niño a la azotea a ver las palomas. Le habían educado para nunca ir a los barrios, y ahora los barrios habían entrado en el centro sin necesidad de desfile ni de cofradía, sin procesión y sin tropas de África.

Y las muchachas. A Paco le sorprendió también ver a tantas muchachas solas, que llegaban cogidas del brazo, como si vinieran de entregar en Los Caminos unas prendas que aquel día no habían sido cosidas, piernas hartas de darle al pedal de la máquina, manos curtidas por la aguja. Olía a azahar, y era primavera, y la ciudad, una ciudad distinta a cuantas antes se les había aparecido, estaba en la calle. Y estaban parados los tranvías, y en los balcones se veía gente con aires de fiesta.

—Guido, ¿y si nos fuéramos a casa de don Tomás, que en el balcón se tiene que ver mejor?

—No, desde allí no se ve el balcón del Ayuntamiento, y me han dicho que sobre todo me fije en qué bandera ponen.

Don Tomás era un joven abogado que también solía aparecer por la Facultad, orador católico, formado en las juventudes de la Unión Patriótica, que se había presentado a concejal el domingo y que, según dijeron a Paco sus padres, había salido elegido.

—Pues mal le va a ir a Tomasito. Concejal del Rey y con la que se ha formado...

Si hubieran subido a un balcón de casa de don Tomás, los hubieran reconocido. O no. Partían de los prejuicios, de aquella ciudad que ellos hasta entonces habían dominado, y no podían imaginarse que estas muchachas que venían de los barrios, tan contentas, tan guapas, no sabían quiénes eran ellos, ni dónde vivía don Tomás. Junto a ellos estaba una preciosa, con una bata ceñida al cuerpo, y a Guido se le iban los ojos en la larga espera. Estaba con unas amigas, y los miraban. Y se reían, y volvían a mirarlos de reojo.

—Ésta traga, Guido...

Guido no sabía distinguirlas, en su alto desprecio. Paco sí las conocía, hablaba con ellas en las terrazas, en los cines de barrio. Las veía reírse y tocarse unas flores que se habían puesto en el pecho, orgullosas. Un clavel de señorito, y unas violetas, y unos jaramagos. Antes de salir, habrían cogido las flores de las viejas latas de conserva blanqueadas y sembradas en el corral; y habrían añadido los jaramagos del alero del patio. Ahora, sobre sus pechos, las flores eran la proclamación de aquella primavera del pueblo que Guido miraba con recelo y deseo.

—Pues aunque trague, la cosa no está ahora para trajín... Si hubieran salido cuando estaba el Rey no se hubieran escapado vivas, Paco...

Y Guido no hacía más que mirarlas, las otras toda acharadas. Y se ponían a cantar unos cantos que ellos no conocían.

—¿Qué es lo que cantan, Paco?

—Debe ser La Marsellesa...

Guido pensaba otras cosas. Guido estaba más pendiente del escote de aquella bata con las flores que de la bandera que habían de poner en el balcón y en la que ellos habían de fijarse para decírselo a los correligionarios. ¿Y qué bandera van a poner, después de todo?, pensaba, no querrán que pongan la de Acción Católica. Guido miraba a las muchachas, y se preguntaba que dónde habrían estado desde que las dejaron a unas como ellas una mañana en la esquina de aquella lejana calle empedrada, con chiquillos desnudos jugando en la acera. Es que aquí, pensaba Guido, a la gente le gusta echarse a la calle, ¿dónde estaban éstos hace dos semanas? ¿Éstos no eran, acaso, los mismos que iban al Alcázar a esperar que saliera el Rey, y a decir que doña Victoria Eugenia iba muy guapa? ¿Éstos no eran los que iban a tocarle las palmas a Primo de Rivera y a los infantes, cuando inauguraron la Exposición? Y algunas preguntas se las hacía a Paco en voz alta, sin que se pudieran enterar las muchachas de los pechos con flores:

—Paco, esta gente, ¿dónde se metía antes? ¿Estaban todos aquí, o son de los pueblos?

—Son de aquí...

—Pues esta tía que nos está mirando está más buena que el pan de Alcalá...

—Tú fíjate bien, lo peor es que también hay gente de chaqueta y sombrero. Que estén los de las gorras es lo normal, pero fíjate aquél, y los que están con él.

Eran de otra ciudad. Ya mayores, de traje oscuro, ancho sombrero flexible. ¿También ellos deseaban la República?, pensó Guido. ¿Pero la República no la querían la gentuza?

—¿Dónde hemos visto a ese tío, Paco, de qué me suena su cara?

—Es un catedrático del Instituto. Creo que da francés...

—¡Ah, habrá venido para enseñarle a éstos La Marsellesa!...

—Déjate de cachondeo, que estas tías se están dando cuenta...

—Estas tías de lo que se están dando cuenta es de que nos estamos fijando en ellas. Si esto es la República y todas están tan buenas, vamos a tener que hacernos republicanos, tú verás...

Y Guido se acercó a las muchachas, y empezó a hablarles. Paco no se atrevió, se quedó donde estaba, fingiendo estar pendiente del balcón, donde ya empezaba a aparecer gente, que los que llenaban la Plaza iban aplaudiendo y saludando con gritos y con más canciones que ellos no entendían. Y vio Paco cómo Guido se acercó al grupo de las muchachas y les estaba diciendo:

—... pues contigo tenía yo una igualdad y una fraternidad cuando tú quisieras...

Y las muchachas no hacían más que reírse...

—¡Ay, qué hombre!...

—Si tú quisieras, menuda sublevación de Jaca íbamos a armar tú y yo...

Lo llamó, porque de pronto le entró miedo, lo conocía de sobra, cómo perdía la medida cuando encontraba una mujer que le oyera...

—Guido, ven, anda, deja a las muchachas...

Y Guido, más cínico que nunca, como olvidándose que momentos antes habían estado gritando contra su Rey y contra él mismo, hizo como si se enfadara:

—No digas esas cosas, Paco, no son muchachas, son ciudadanas. Unas ciudadanas que están para armarle la sublevación de Jaca, mira, mira a ésta le ha hecho gracia lo de Jaca...

Estaba fuera de sí. Paco no lo encontraba extraño, el viejo cinismo de su amigo Guido, su capacidad de fingir para conseguir la mujer que en cada momento deseaba. Tuvo que cogerlo por el brazo y separarlo de ellas, cuando vio que no reparaba el riesgo de hablar, que iban a notar quiénes eran. Porque ya estaba diciéndole:

—¿Mi nombre? Yo soy Fermín Galán, y aquí mi compañero se llama García Hernández... Los dos somos republicanos de los tiempos de Pi y Margall, pero a mí más que la República lo que me gustan son las muchachas como vosotras...

Guido no se había dado cuenta, y lo tuvo que sacar Paco de sus momentáneos amoríos. En el balcón estaban poniendo una bandera. Guido lo veía todo, era más alto. Pero Paco se tuvo que subir como pudo sobre un bordillo. Aplaudían más que nunca, y todos coreaban el «uno, dos y tres» que habían oído cuando venían hacia la plaza. Aplaudían, y Guido, absorto en la escena, no se dio cuenta, pero Paco vio cómo una mujer, flor de geranio sobre el moño, se echaba a llorar. Pusieron primero una bandera tricolor y después sacaron otra roja:

—¿Qué tiene en medio la colorada, Paco?

—Es como un sol...

Seguían aplaudiendo, y dando vivas y mueras, y cantando himnos extraños que ellos no conocían. Cuando hubieron puesto la segunda bandera, se retiraron por una bocacalle, antes que aquel gentío se hubiera disuelto. Guido rompió el silencio:

—¡Ea, pues ya tenemos de qué informar!

—De que han puesto la tricolor y la roja, ¿no?

—No, de algo peor, Paco. De que si te fijas, los que han puesto las banderas no han sido los de las gorras, sino gente de sombrero. Yo me quería disfrazar de republicano y me he vestido así. Con haberme puesto un sombrero y un traje hubiera tenido el mejor disfraz. Paco, ésta no va a ser la República de los de la gorra, sino de gente con sombrero. A don Alfonso no lo han echado los albañiles, sino los oficinistas, ¿no lo has visto? A don Alfonso lo han echado los que se han hecho ricos con Primo de Rivera... Ya tienen el sombrero, como nosotros, y ahora quieren tener el poder. No le des más vueltas. Lo de la bandera no tiene la menor importancia. Lo que tiene importancia es quiénes son, unos hartos de sopa...

—Sí, pero tú, si no te corto a tiempo, estás a estas horas buscando dónde irte a la cama con aquella...

—Tranquilo, García Hernández... Yo nada más que quería hacerle la sublevación de Jaca por las bajeras...

ERAN LOS MISMOS que hasta días antes habías podido ver en las iglesias, dándose golpes de pecho, los que hasta hace unos años se habían quitado el sombrero al paso del coche de tu padre, de la berlina, del break, ahí va el marqués de Flores. Ahora estaban gritando contra tu Rey, se había terminado el largo silencio que la sola mención de tu nombre convocaba. Habías estado en una bulla sin que te reconocieran. Una bulla de tu ciudad. Como cuando iban a esperar que saliera el Rey por la Puerta del León, el azulejo arriba con la fiera reluciente en los vidrios de Triana, Ad Utrumque Paratus, tienes que estar preparado para todo lo que te va a venir, Guido, que un tiempo se ha acabado, que para ti siempre se te está escapando el tiempo. Eran los mismos que veías en las bullas de Semana Santa, Guido, tú de nazareno en la Quinta Angustia, sin anillos, sin nombre, sin título, tercera pareja del estandarte, anónimo por una vez al año en las calles de la ciudad que dominabas con tu dinero y con tu cuna. Desde entonces, Guido, no los habías visto más que en la Feria, alabando el paso corto de tu caballo, o cerca de los mercados, cuando amanecía y tú venías de las ventas con el aliento de la manzanilla saliendo por la ventanilla del coche, Paco Fuentes siempre contigo, y quizá los verías tirando de un carrillo, o entrando a un puesto una barrica de arenques, o levantando con una vara de acebuche a una mula que había resbalado sobre los adoquines y se había caído.

Son, Guido, la gente de las oficinas, pero también son la gente del muelle, tú no has ido por allí, hay un hombre que se llama Saturnino Barneto y tiene un imperio que ríete del tuyo, el tuyo va en decadencia y el suyo en ascensión. Son, Guido, la gente del muelle, tú sólo los ves el Jueves Santo, que llegan cuando ya habéis formado los tramos, y tú estás con tu cirio, el capirote sobre el brazo, la tercera pareja del estandarte, junto a todos los que llevan unos apellidos como el tuyo, penitencia anual de Tellos y de Guzmanes, de Saavedras y de Santillanes. Entran silenciosamente, y alguno se arrodilla con una sola pierna, relâmpago de genuflexión y de santiguarse, les infundís más que miedo, misterio. Ellos llegan, y huelen a vino, y huelen a taberna. Entran, Guido, silenciosamente por la puerta de la sacristía, delante el capataz, el mismo que los manda durante todo el año en los tinglados del muelle, naranjas para Inglaterra, y aceite para lejanos puertos de América, y mulas para el Ejército de África, y pacas de paja, si no vivieras en la gloria de tu palacio de la calle San Vicente, Guido, si fueras, como cuando niño, a la orilla del río, podrías verlos, los Jueves Santos, no, los Jueves Santos sí los ves, pero ni te fijas en ellos. Van detrás del capataz, el costal ya puesto en la cabeza, que a ti te recuerdan a los figurantes de Aida o a las láminas de Antiguo Arte Egipcio que estudiabais en Villasís, y se meten debajo del paso, caoba y terciopelos bordados en oro. Son ellos, Guido, los que ahora han salido debajo del paso. A tu Cristo Descendido lo llevaban ellos, Guido, no lo olvides. Se bamboleaba tu Cris-

to, Guido, entre el humo del incienso y de los calentitos, y tú ibas en la tercera pareja del estandarte, penitencia de Tellos y de Guzmanes, todos iguales bajo la túnica morada y las iniciales de Jesús en la capa, y había otra ciudad que no llevaba cirio en vuestra cofradía, Guido, que os veía pasar cuando doblabais la esquina de la Puerta del Arenal, o bajo el Arco del Postigo. Y allí, debajo del paso, iban ellos, que ahora los has visto a tu lado por vez primera, de cara a cara, antes sólo los contemplabas de lejos en la gran madrugada, cuando se acercaban detrás de la Esperanza de Triana hasta la Catedral, y mientras la cofradía entraba, recordarás que se quedaban delante del Palacio Arzobispal, esperándola, Viva Triana, para llevarla de vuelta al barrio, eran como una guardia de corps, lo dijiste en bello párrafo barroco cuando te tocó dar el pregón de Semana Santa, son los trianeros, dijiste, y tú los habías visto sólo en la madrugada, y aquel Catorce de Abril, son los trianeros, y el San Fernando se venía abajo, que se constituyen en guardia de honor de su Bendita Esperanza, y que la acompañan para que regrese, Sana por la Fe, Salva por la Devoción, a su arrabal famoso, tras la gran aventura oceánica de las multitudes de la gran madrugada espiritual, ¿te acuerdas, Guido, de la frase, cómo te aplaudían los de la presidencia, todos con la chaqueta blanca del Glorioso Movimiento Nacional, tú con el chaqué y las pequeñas medallas que Reyes se empeñó en que te las pusieras también en el chaqué, que para eso las habías ganado en la guerra?

Se iba tu Rey, Guido, y llegaban tus nuevos reyes, que eran los de los barrios, los del muelle, debías conocer a Saturnino Barneto. Pero no te explicabas que en el balcón estuvieran los que no veías en la calle cuan-

do ibas de nazareno, sino en los palcos, en las sillas de la carrera oficial. No te dolían, Guido, el hambre de los corrales y el descaro de las muchachas que ocupaban el aire con las flores prendidas en sus atrevidos pechos; te dolían, Guido, aquellos oscuros hombres que viste en el balcón izando las banderas. Pensabas, Guido, que eran los mismos que iban a los actos cuando estaba de alcalde alguien de los tuyos, tío Antonio Halcón, el alcalde Palanqueta, le decían, por todo lo que mandó derribar. Pensabas, Guido, que siempre aquí había sido así.

Te gusta, Guido, repetir lo de Fernando Sétimo, para que los demás vean cómo son en la tierra de tu dominio que ahora acaba, largo adiós tuyo que no puedes apresar con estas historias que tanto te interesan y que a los demás dejan fríos. Hablas, Guido, cuando estás inspirado en el casino, o cuando te sacan el tema en los salones, de los que tú llamas los Barquinazos del Diecinueve, Rey y Constitución, Constitución y Rey, las dos caras, Guido, de la misma moneda que ya no podrás cambiar más, que tu tiempo es ido. En la Plaza estaban los mismos que recibían a Fernando Sétimo y los que lo despedían, te gusta llamarlos los Barquinazos del Diecinueve, pero tú no has salido de ese siglo, Guido, tú eres un largo adiós de una clase y de un tiempo. Salía Fernando Sétimo, la Constitución restablecida, y le tiraban verduras, y tomates, y toda la fruta que tú veías podrida en los alrededores de los mercados, cuando estaba amaneciendo y regresabas del cante y la manzanilla de las ventas. Y otro día, Guido, tú lo has contado muchas veces en el casino y en los salones, le tocaba a Fernando Sétimo ser Rey Absoluto, y entonces aquella misma gente que lo había despedido tirándole berzas lo esperaba en la Puerta de Triana, o en la Puerta Real, Viva el Rey, Viva Fernando Sétimo, Viva El Rey Absoluto, y desenganchaban las caballerías, y ellos, ellos mismos, Guido, se ponían a tirar de la carroza, convertidos en bestias por predicadores y asistentes, Viva El Rey Absoluto. Y en este punto, Guido, te gusta contar lo de los tronchos. Que la Reina le comentaba al Rey, dentro de la carroza tirada por el pueblo que había licenciado los caballos, lo bueno que era el pueblo. Y que el Rey, Guido, qué bien lo cuentas en el casino, le decía a la Reina, no te hagas ilusiones, éstos son los mismos de los tronchos de la otra vez.

Pero estos de ahora, Guido, aunque lo vayas pensando, aunque se lo vayas diciendo a Paco Fuentes, no son los de los tronchos. Tú los has visto en la Plaza y no puedes, no quieres creerlo. Los que han puesto la bandera que tanto te duele no son los que sacan el Jueves Santo tu cofradía. La han puesto gentes de orden. De un orden, Guido, que no es tu viejo, único orden de escudos de piedra y coches con cascabeles anunciando por la calle San Vicente que ibas a pasar camino de los toros o camino del tiro de pichón.

LAS TRADICIONES DE SU CASA

1923

CERCADA DE MURALLAS y altas torres hasta apenas cuarenta años antes, la ciudad aún tenía en sus calles un sonido medieval. Los hombres que hicieron la Revolución del 68 habían ido derribando las puertas y los lienzos de muralla, y su caserío había quedado como desnudo, rota la intimidad de sus breves plazoletas, de sus estrechas calles. Pero cuando Paco salía de su casa aún escuchaba un sonido de ciudad antigua, rieles de tranvías, cascos de caballerías sobre el adoquinado, galeras y carros haciendo resonar sus ejes contra el mármol venido de Itálica que, a modo de guardacantones, preservaba la cal de la esquinas.

Aún estaban en pie los palacios, en los que podía verse el mismo ocaso de la ciudad, un tiempo modelo y síntesis del mundo, ahora cerrada sobre sí misma, que el derribo de las murallas no había impedido que la vida se hiciera pueblerina, campera, pendientes todos del cielo, de la granazón de la aceituna, del amarillear de los trigos sobre las cercanas lomas, que Paco Fuentes subía a la azotea de su casa en la calle Francos y podía ver las huertas regadías más allá de donde el tranvía daba la vuelta a la redonda y donde, de niño, tantas veces le habían llevado, por orden de su madre, las criadas, que el aire que venía del campo era sano remedio contra la tos ferina y que los niños se criaban ojerosos y blancos en aquellos pisos de las viejas calles, húmedos y oscuros, siempre cercano el sonido de la campana de un convento, haciendo más corta la tarde desde la espadaña.

El colegio había sido, como muchos comercios, como muchas casas de vecinos, un palacio. Todo había sido en la ciudad un palacio, pensaba Paco Fuentes cuando su madre lo llevaba de compras a aquellos almacenes de la plaza del Duque, y escuchaba como mágica la palabra «artesonados», Paquito, mira qué artesonados... El colegio había sido un palacio, y majestad de columnas y escalera quedaba, en los largos corredores, en los damascos de la sala de visita, colgados los cuadros de honor con sus nombres escritos en letra inglesa.

Estaba el colegio cerca de la casa de Paco Fuentes, que antes, en la frontera de sus primeros recuerdos infantiles, había estado con unas monjas, en las que poco había aprendido, más que rezos y cánticos, largas filas por los patios de pilistras, fuentes y yedras trepando por la humedad de la pared, que las niñas iban delante, con los uniformes negros y los largos velos que les arrastraban sobre la solería de mármol, y ellos al final, con el babi de crudillo, y todos cantando la música que olvidó nada más llegar a los Jesuitas:

Vamos, niños, al sagrario,
que Jesús llorando está

y los niños del colegio
lo queremos consolar...

El colegio estaba en el centro de la ciudad, cerca de donde una venera de Santiago marcara antiguamente la geometría exacta de la distancia equidistante entre los extremos más lejanos de la cerca de piedras y adobes. Era lugar de animación, y había cerca cuarteles, y teatros, y cafés cantantes. Las criadas venían con los grandes canastos del mercado de la Encarnación, y se acercaban a hablar con ellas los soldados del cuartel de Soria, que también, como el colegio, era otro viejo, gran edificio venido a menos: un antiguo colegio, precisamente de los Jesuitas, advocación de San Hermenegildo, desamortizado y pasado al Ramo de Guerra. Se abría el colegio a un cruce de calles frecuentadas y sonoras, ágora de pregones y de voces, que pronto habrían de ser familiares para Paco Fuentes en el rito del horario del colegio, al oírlas por las ventanas, por donde les llegaba el lejano testimonio de un mundo que tras aquellos muros, las largas filas por los corredores, parecía no existir.

Había nacido Paco Fuentes de una familia de sólo acomodado pasar, funcionario de Hacienda el padre; hija de un comerciante que en su juventud había sido marino, la madre. Vivían en los altos del negocio del abuelo, ya viudo, siempre con el babi de los dependientes puesto a modo de la guerrera azul de marino mercante que nunca pudo tener, que no pasó del cabotaje de los Puertos, fruta de Rota a Cádiz, a través de la bahía, mercadería de Sevilla a Puerto de Santa María, navegación de la que más tarde pasaría a los vapores que, río arriba, hacían línea regular desde la desembocadura del río, y adonde alguna vez, de muy niño, llevaría a Paco:

—Mira, Paquito, hijo, las ruedas tan grandes que tiene este vapor. Se llama el *San Telmo,* y tu abuelo trabajó en él.

Pero no quedaban en la casa más recuerdos marineros que el teléfono que el viejo Torre, José Torre, roteño, amigo del alpiste en forma de vino dulce de sus natales viñas, mistela y tintilla, había traído a la casa, nada más que montó el negocio, procedente de un barco que estaban desguazando. Era un infierno de tubos que recorrían la casa y que se intercomunicaban, y que mediante un sistema de soplado que tenía en determinados sitios, aplicando a ellos la boca como una bocina, hacía que sonara en otro piso un silbato, tras lo cual quien era avisado podía luego hablar por otro sistema de unos como embudos, que recogían la voz, y pisos arriba y pisos abajo la llevaban por dentro de los tubos. Paco Fuentes recuerda su niñez deslumbrado por la magia marinera de aquellos tubos, y por las sabias experiencias del abuelo, que cogía de encima de una cómoda una caracola y le decía:

—Mira, Paquito, escucha, así se oye la mar...

Se sintió desde muy niño Paco Fuentes identificado con su abuelo, con las aspas de vapor del *San Telmo* flotando en el río:

—Paquito, hijo, mira, niño, hay un río en América, que se llama el Mississippi, y todos los barcos tienen ruedas de vapor.

Y al niño le iba diciendo los barcos que en el río estaban atracados: pailebotes, vapores, bergantines, tartanas, falúas, velas y chimeneas. Y le sonaban ya de mayor a Paco los nombres de las compañías, que el abuelo le recitaba en la banda de la calle Betis, entre redes y norais, tratando de despertar en el niño la vocación marinera que él había tenido que enterrar, con la juventud, entre las estanterías de la tienda de ropa:

—Aquél es de la Transatlántica, Paquito, y ése de los vapores de Pinillos, y éste es el que hace la línea de Fernando Poo...

En el colegio, a Paco Fuentes habrían de sonarle los nombres de la geografía como dichos alguna vez por el abuelo José a la orilla del río, en su viejo sueño marinero: Fernando Poo, Río de Oro, La Habana, Tánger, Marsella, Chafarinas, Buenos Aires... Había aprendido Paco del abuelo algo que notaría después perdido en la ciudad: el sentido de relación con el mundo, cuando otros josés torres hablarían de Cartagena de Indias, y de Nueva España, y de la gran flota, que salía desde allí mismo, quizá, desde el Puerto de las Muelas, donde ahora el niño veía cómo, bajo los toldos blancos de las falúas, las cigarreras regresaban al barrio, cumplida su jornada en la fábrica cercada por el Foso de sus temores infantiles.

Era la tienda del abuelo de ropa hecha, y se distinguía en la calle por los capotes de agua colgados en la puerta, sobre la muestra pintada en el cajón del enrollable cierre metálico. Paquito disfrutaba no sólo la compañía del abuelo y sus fantásticos relatos de hombres que se había tragado la mar, sino el olor de aquellos capotes, impermeables a costa de mucha brea sobre su basto tejido. Creció Paquito entre las clases en el colegio de las monjas, cuya espadaña se oía desde la casa...

—... venga, Paquito, que vas a llegar tarde. Este niño...

... y la cercanía del abuelo. Cuando no había colegio bajaba con él a la tienda, a escuchar sus largos relatos, a ayudarle a colgar las perchas de los trajes de patén, de los pantalones de trabajo, a doblar sobre el mostrador las largas piernas color mahón de los monos de los mecánicos, que eran como un hombre flotando sobre aquellas aguas de la mercadería. Y con la vara de medir lienzo moreno hacía Paquito el picador, y hacía el nazareno. Y así iban pasando los días, y se iba acercando el que señalaron sus padres para que cambiara de colegio: de las monjas, a los curas.

Aún vivía el abuelo, y sobre el hule de la comida lo estuvieron hablando:

—El niño el año que viene convendría que cambiara ya de colegio.

—¿Y a cuál puede ir?

—A los Jesuitas. Yo hubiera querido ir a los Jesuitas. Como no pude, me gustaría que él fuera.

—¿Pero no es mucho para nosotros?

—No, no es mucho. Mañana mismo vamos a hablar para que lo admitan.

Paco Fuentes recuerda aún que aquella tarde, aún era verano, ya habían terminado las clases en el colegio de monjas y quizá se irían, como otros años, unos días al pueblo del abuelo, a tomar los baños, en cuanto pasara el día de la Virgen del Carmen. Su madre lo arregló con más esmero que otros días:

—Venga, tienes que ir muy guapo, que digan los curas, ¿quién es este niño tan guapo?

Después el padre lo cogió de la mano, y fueron por aquellas calles que él conocía de andarlas todos los días de la mano de Setefilla, cuando lo llevaba al mercado y se quedaba absorto viendo el puesto donde había el letrero: «Carne de toro.» Iba más serio que cuando lo llevaban al mercado, y al final de la calle Cuna, en vez de tirar hacia la Encarnación, siguieron derechos al colegio. Recuerda que había una cancela blanca a un lado, y una portería con un cura y una luz, como una covacha de zapatero remendón, y, frente, que se veía desde la calle, un azulejo con un cuadro de la Virgen, y debajo el letrero de unos versos que andando los años se habría de aprender e incluso habrían de emocionarle cuando los recordara en la lejanía:

Bajo tu manto sagrado
mi madre aquí me dejó...

De la covachita aquella de la luz los llevaron a la sala de visitas, y a Paco le colgaban los pies del sillón de damasco donde se sentó.

—Esperen un momento, que les va a recibir el padre rector.

Los pasaron luego al despacho del rector. Parecía el jesuita como un cardenal del Renacimiento, sotana de seda flotando en el aire de la calina de junio, fajín a la cintura, bonete de tres picos tapándole la coronilla y parte de la amplia calva, como un cuadro bueno de san Ignacio, todo distinción. El padre, en la sala de visita, le había dicho:

—Pórtate bien, que el rector es grande de España...

—¿Y eso qué es?

—Más que conde y más que marqués, hijo...

Miró el rector en sus elegantes pasos al padre de Paco, displicentemente, y pasó a sentarse tras su mesa, después que hubo salido hasta la puerta para recibirlos y que les dio la mano a besar, muy distante, separándola mucho del cuerpo. A los ojos del rector, aquel niño tan peinadito y aquel oscuro hombre cuyo nombre no le había sido sugerido por nadie en la ciudad, sonarían a irrupción desacostumbrada. Se hizo un silencio que el rector, con suficiencia de siglos, rompió al instante:

—¿Y puede decirme, señor, cuál es su gracia y cuál es el objeto de su visita?

—Mi nombre es Francisco Fuentes, soy funcionario del Ministerio de Hacienda, en la calle Francos número siete tiene usted su casa, soy buen cristiano y deseo que mi hijo Paquito se haga un hombre con ustedes...

—¿Ha elegido, entonces, a la Compañía?

—Sí, padre. Quizá sea mucho para mí, que sólo soy funcionario de Hacienda, un simple funcionario, pero buen cristiano, y tengo muy buenas cosas oídas de la formación que ustedes los jesuitas dan a los muchachos...

—La Compañía, señor, cumple con su misión educando caballeros cristianos, futuros dirigentes del mañana, estimado amigo, ¿cómo me dijo que era su gracia?

—Fuentes, Francisco Fuentes.

—Estimado señor Fuentes, su hijo, si es aplicado, será también un honrado español y cristiano, como el padre. ¿El niño va bien en los estudios?

—Sí, saca buenas notas.

—¿Dónde ha estado?

—Con las Carmelitas.

—¿Ha hecho la Primera Comunión?

Y todo lo iba el rector apuntando en una hoja que sacó de la carpeta de cuero repujado sobre la que apoyaba sus manos en la mesa de madera labrada del despacho. Y cuando hubo acabado las preguntas, se levantó, dio muy ceremoniosamente la vuelta a la mesa, siempre como un cardenal del Renacimiento, le acarició la cabeza a Paco:

—Descuide usted, señor Fuentes —dijo al padre—, que lo haremos un buen cristiano y un buen estudiante, verá usted como todo es a mayor gloria de Dios. Ahora, si no les importa, pueden pasar por secretaría, donde le hablarán de los honorarios y del día que comienzan las clases...

Empezó Paco aquel año sus clases en el nuevo colegio, y notó que había niños con otras costumbres, mejor vestidos que los que iban a las Carmelitas. Él llegaba cada mañana de la mano de Setefilla, calle Cuna arriba, y se quedaba mirando los coches de caballos en que algunos de sus compañeros venían, acompañados por criados que tenían un uniforme como si fueran militares, con una gorra en la que había una corona. Pasó así un curso difícil para Paco, con no muy buenas notas al principio, porque la mayoría de los compañeros no habían conocido otro colegio que aquél y estaban acostumbrados a la dureza de las clases. Fue así conociendo a su ciudad. En su clase había un Tello y un Guzmán. No sabía qué querían decir estos apellidos, pero siempre su madre los sacaba a relucir cuando algunos días, terminadas sus oraciones, venían con ella de la iglesia algunas amigas, y con ellas se sentaba en el comedor, y lo llamaban:

—Paquito, ven, que te quieren conocer estas señoras...

Y Paco se quedaba allí, mirando al teléfono del abuelo, el viejo retrato con la guerrera del marino que sepultó sus ilusiones entre piezas de patén y de lienzo moreno, y escuchaba la retahíla, que siempre era la misma, los elogios de su madre:

—Es la mar de aplicado, estamos muy contentos con el colegio. Y, además, fíjate, en su clase hay un Tello y un Guzmán...

Y Paquito seguía sin comprender entonces todo aquello, cuando las amigas hacían el coro que la madre quería oír:

—¿Un Tello y un Guzmán? ¡Qué buenas compañías!... Si nuestros hijos pudieran tener las mismas...

Fueron años duros para Paquito, del colegio a la calle, donde su madre cada vez le dejaba menos jugar en el que hasta entonces había sido su mundo: coger zapateros, darle con el tocho a la billarda para que llegara lo más lejos posible, acertar con la bola de acero sacada de un cojinete en el redondel marcado en la tierra, donde estaban todas las otras pequeñas bolas de barro...

—Hijo, más que con los niños de la calle me gustaría que salieras con amiguitos del colegio. ¿No te has echado ningún amigo?

No se los echó hasta que llegó Guido. Aquella mañana vio repetida en Guido su propia desazón la otra mañana que, dos años antes, había llegado a la fiesta de la inauguración de curso, la solemne misa en la capilla neogótica, del gran artesonado en el techo, de las tulipas de vidrio floreado sobre las paredes laterales, sobre las estaciones del Vía Crucis.

Antes de entrar en la capilla, fueron a la clase que había de ser la nueva de aquel curso, para ir todos en fila a la misa de Espíritu Santo con que solía comenzar. Cuando entró, lo encontró ya sentado allí:

—¿Te han dicho que te sientes aquí?

—Sí, ¿por qué?

—No, porque el año pasado yo tenía de compañero a Fernández Villalba.

—¿Y él no se pone?

—Si no se pone es que han corrido la lista, y que tú serás el que esté aquí este año. ¿Cómo te llamas?

—Guido...

—¿Cómo? ¡Qué nombre más raro!

—No, es un santo, san Guido...

—No, yo digo el apellido...

—Flores.

—Pues yo me llamo Fuentes, será que vamos a estar juntos en la lista, ¿te han dicho que te pongas aquí?

No pudieron seguir hablando, porque les ordenaron levantarse. Paco le tuvo que explicar cómo se salía de la banca para formar la fila:

—Hasta que no hayan salido los dos de delante no puedes tú salir, y al entrar, igual, no te puedes sentar hasta que no se siente el profesor...

—¿Y hay que ir siempre en fila?

—Sí, siempre...

Salieron de la clase por patios y corredores, hacia la capilla, en dos largas filas, cada una junto a uno de los zócalos de azulejos que superaban la altura de los niños. Guido iba delante de él, con las manos atrás, muy serio, y por detrás le veía el pelo rubio como el de una niña de las Carmelitas, y le fue preguntando, aunque estaba prohibido que hablaran:

—¿Tú de qué colegio vienes?

—De ninguno. He tenido profesores en mi casa...

—¡Ah, bueno!...

Llegaron a la capilla, los mayores atrás, muchos con pantalón largo, y con libros de misa como el que tenía su madre, ellos en los bancos de delante. Era una misa solemne, con el padre rector ayudado por otros dos profesores, plena la capilla de incienso y de cánticos, sonando el Himno del Colegio al final en el armónium. Guido apenas le habló en toda la misa, y se sorprendió cómo, sin haber estado antes en el colegio, sabía todos los movimientos, cuándo se tenían que arrodillar, que sentar. Le preguntó Guido a Paco:

—¿Tú conoces a ese cura que está diciendo la misa?

—Sí, es el rector...

—Yo también lo conozco. Fue el otro día a casa, lo llamó papá para decirle que yo iba a venir a clase. ¿Tú no lo conoces?

—Sí, es el padre rector, ya te he dicho...

—No, es un Mejorada, es hijo de Mejorada...

—¿Eso qué es?

—¿No lo sabes? Déjalo, otro día te lo cuento, yo no lo beso en la mano, como a los otros curas, sino en la cara...

Paco Fuentes recordó al momento aquel día, ya lejano, en que el rector los recibía en su despacho, la distancia romana de un cardenal del Cinquecento. Aquella mañana, en la misa de Espíritu Santo, Paco empezó a comprender vagamente por qué su madre quería que se echara amigos en el colegio y dejara de jugar a la tángana en la Cuesta del Rosario con los chiquillos de la Alfalfa, que ya lo habían admitido como uno de los suyos y no empezaban siquiera las guerreas cuando lo veían llegar a la Costanilla de la Pescadería con otros niños de San Isidoro y del Sagrario.

Luego, conforme pasaban los cursos, fue intimando con Guido. Siendo mucho más que él los Tellos y Guzmanes, Guido se convirtió en la medida de todas las cosas para la clase, y a todos, pero muy especialmente a Paco Fuentes, ayudó a comprender y a descubrir el mundo. El Guzmán y el Tello acabaron yéndose del colegio, un año ya no los vieron en la misa de Espíritu Santo. Y Guido, conforme pasaban los cursos, fue aprendiendo sus costumbres, compañeros que no vivían en palacios ni con criados, sino en casas y con criadas, hijos de abogados, hijos de militares que venían al colegio desde lejanos pabellones, en coches de mulas que tenían unos cocheros vestidos de soldados. La ciudad iba creciendo, y lejos seguía la guerra africana, y juntos iban descubriendo el mundo, Guido fue pronto coreado en todos los rincones del colegio, hasta en los cursos de los mayores:

—Flores dice que él le ha dado un beso a una niña...

—Que no se entere el padre espiritual, que lo expulsan...

Guido llegaba cada mañana en el coche de caballos, y les llenaba el día de fantásticas historias de tientas y de caballos, de toros en el río y de corridas lejanas. Con aquellos niños de los curas, Guido se sentía superior, porque eran los otros los que hacían sentírselo:

—¿Dónde fuiste ayer?

—Estuvimos en el campo...

—¿Y dónde está ese campo?

—En la marisma. Desde allí se ven pasar los barcos como si estuvieran detrás de las chumberas, caminando por la tierra...

Jugaban a los toros en el patio de atrás, y Guido les reprendía, que improvisaban la muleta con un babi y una regla:

—Dale salida, a los toros hay que darles salida; si no, te quitan...

—¿Cómo?

—Que le des salida...

—Flores, ¿tú has toreado de verdad?

—Sí, en mi casa...

—Flores, ¿y es verdad que Joselito iba a tu casa?

—Sí, yo tengo un retrato con él, que estoy de pañales y Joselito me tiene cogido en brazos...

—¿Y de pañales te llevaban ya al campo, Flores?

—Desde chiquetito...

—Hombre, si tú un día nos llevaras...

—No, en mi casa no quieren que esté con vosotros cuando salgo del colegio...

—¿Por qué, Flores? No te vamos a pegar la tiña...

—No sé, pero me castigan si se enteran que me he escapado con vosotros a la salida. Mira, el otro día, cuando fuimos a subirnos en el tranvía, se enteraron y me castigaron...

—Tú te chivarías, Fuentes...

—Yo no.

—No, no fue él, fue un criado de casa, que nos vio y se lo dijo a mamá...

—¿Y por qué no castigaron al criado en vez de a ti? En mi casa me echan a mí más cuenta que a las criadas, no dicen embustes ni nada las criadas...

—Pues en casa no es así...

Guido no había salido del palacio de la calle San Vicente, de las niñeras inglesas ni de las temporadas en el campo, entre los caballos y la alberca. Para él, ir al colegio era encontrarse con otro mundo, el que adivinaba en lo que le contaban las criadas, los hijos de los caseros. Hijo único también, como Fuentes; pero hijo del marqués de Flores, una oscura casa andaluza nacida de un título concedido por Carlos III a finales de su reinado, cuando quería, con la creación de nuevas casas, evitar la supremacía de los viejos, inmemoriales títulos del Sur. Guido hablaba de los caballos, y de los coches, y del automóvil que tenían para ir al campo, y no podía comprender cómo los compañeros de la clase se asombraban. Guido, cada día de clase que pasaba, viendo cómo le hacían corro, cómo escuchaban sus historias, sus juegos de prendas con las primas, fue sintiéndose superior. Que si bien en clase pasaba más apuros que nadie, y sacaba peores notas que todos ellos, en los recreos era su venganza, hablando de cosas que los otros nunca habían escuchado:

—¿Tú sabes doma inglesa?

—¿El qué?

—¿Ni sabes lo que es una silla galápago?

—¿Como los galápagos que venden en la Alfalfa?

—No, una clase de silla, que no es la vaquera, que le dicen galápago; es la silla para la monta inglesa.

Un día los llevó a todos a su casa.

—Guido, ¿esto es un palacio o una casa?

—Aquí le dicen un palacio, pero es una casa...

Llegaron los compañeros una tarde de jueves, que se reunieron en la puerta del colegio. Pasaron delante de la puerta del cuartel, y se quedaron observando a unos soldados que cargaban un carro:

—Fuentes, ¿éstos son de los que van a África?

—No, los que van a África son los que están por el muelle...

Después siguieron por plazas con palmeras y suelos de albero, por estrechas calles con zaguanes relucientes, donde las placas de bronce decían que vivían los médicos, y que tenían la consulta de 3 a 5:

—Ahí vive el médico que va a mi casa. Tiene un coche de caballos, y dice que ahora se va a comprar un automóvil...

—Pues el médico que va a mi casa tiene barbas, mi madre dice que antes todos los médicos tenían barba...

Para unos, aquellas calles del barrio de los señores eran familiares. Para otros, eran una excursión por la ciudad desconocida, tan extraña como cuando iban a los barrios obreros y veían niños trabajando, a su misma edad, niños en los talleres de los carpinteros, niños tirando de los carrillos de mano, niños que los miraban distantes debajo de sus gorrillas y de los pelos negrísimos.

Pasaban por los hondos zaguanes de suelo de chinos lavados y veían en ellos parados los coches de caballos, esperando que saliera la señora para ir de compras a la calle Francos, a la novena, a las visitas. Pasaban ante las portadas de piedra, ante las tapias de los conventos por las que asomaban las bouganvillias. Venían criados de leguis y gorra, amas de cría de orondos pechos montañeses:

—Mira, ésa es un ama de cría. Las cogen a las que tienen las tetas más gordas. Un día, en casa de una prima mía, le vi las tetas a un ama de cría, que le estaba dando de mamar a otra prima más chica. Tenía una teta gorda, gorda, gorda, como la campana de la Catedral.

Otro se ponía a saltar sobre el bordillo de la acera, tratando de no perder el equilibrio ni caer sobre los adoquines, y se ponía a cantar cuando oía la historia del ama de cría montañesa:

Mañana es domingo,
se casa Respingo,
con una gitana

que tiene las tetas
como una campana...

—Pues mi madre canta esa copla, pero no dice «las tetas», sino «las trenzas»...

—¿Tú has visto alguna vez unas trenzas como una campana?

—No, serán como la soga de las campanas que hay en San Pedro...

—Tonto, es que tu madre lo dice mal para que tú no te enteres, queriendo. ¿A que tú sí has visto unas tetas como una campana?

—Yo, no. Éste, las tetas del ama de cría...

—Cuando yo sea mayor quiero ser médico, y poner una placa así en la puerta, consulta de 3 a 5, y que vengan todas las mujeres y me enseñen las tetas...

—Eso no hace falta. En el Novedades, si te metes en un reservado, las artistas, les das dinero y te enseñan las tetas, un primo mío ha ido, se las ha enseñado una que le dicen La Jerezanita, yo la vi pasar una vez...

Y era el mundo del deseo por la calle señorial, sombría, silenciosa. Llegaban a la casa de Guido y se les aparecía la magia del mundo que en el colegio adivinaban y ahora veían en la plenitud de su grandeza, azulejos de Triana firmados por Montalbán, por Vera, por Mensaque, extraños guerreros de casco empenachado que en el zócalo del zaguán, siempre mirando de perfil entre las hojas de acanto amarillo y azul, libraban imposibles batallas contra panzudos angelotes del bien y las carátulas amenazantes de los grutescos renacentistas. Mármoles en las solerías, en las columnas, en los peldaños de las lentas escaleras de anchos escalones y bronceadas perillas relucientes en el barandal, en cuyos rodapiés iban subiendo hacia la galería los minúsculos cazadores vidriados de las escenas de montería, ciervos estilizados sobre lagos inventados, encinas que apenas eran el breve trazo verde del pincel del cartujano que las dibujara. Frescor del patio en torno a la fuente central con el angelote en escorzo de jade sosteniendo la taza del surtidor eterno, palmeras enanas, pilastras, helechos, cintas, geranios, flores de Pascua, ficus, humilde yerbabuena de los macetones decorados con la corona y la letra Efe. Y arriba, rectángulo de cielo, los vitrales de la galería, blancas maderas, y más altos los alambres de la vela, ahora quitada en el invierno, para dejar paso al sol reflejándose en los cristales de la montera.

Al fondo estaba el paso que daba al patinillo, medio punto de colores, verde, amarillo, azul, rojo, impuesto en todo el barrio por algún lejano cristalero que de La Habana llegara un día en un bergantín al río. Y frente, la fuente de grutescos siempre seca, con el tondo de la Virgen y el Niño. Por allí entraron, después que Guido hubiera bajado con una nany inglesa y les hubiera prometido el descubrimiento de su mundo. Pasaron los niños por pasillos y salas, corredores y galerías, patios y patinillos, cocheras y caballerizas, gabinetes y salones, y sus pasos se iban perdiendo sobre las alfombras o hacían tintinear la plata y el cristal de las lámparas cuando, tímidos, pisaban sobre el crujiente suelo de madera. Desde las paredes los miraban san jerónimos eternamente a punto de golpearse el pecho con la piedra, vírgenes que no acababan de imponer la casulla a san Ildefonso, san antonios tras su fanal y sus flores secas, niños jesúes bendiciendo el mundo sobre una peana de caoba, la cruz en la otra mano:

—Ven, levántale la falda, verás como tiene churra…

—Es pecado…

—Venga, atrévete, verás qué churra tiene, como la de un niño chico…

Y sólo era Guido, una sonrisa y una mueca, quien finalmente se atrevía a levantar el breve terciopelo de la túnica del niño montañesino, entre un cómplice silencio.

Y seguían andando por el palacio, y los contemplaban en el asombro silente inmaculadas y caballeros de casaca, damas en traje de corte pintadas por Sotomayor, anónimos caballeros maestrantes de Sevilla o Ronda desafiando la historia con las piernas cruzadas, delineadas por el blanco fieltro del calzón y las altas botas. Damascos de las cortinas y dorados de agrietados espejos de azogue desvaído, la casa era para ellos una aventura, no colmada hasta que llegaban, al final del salón, junto a la chimenea de románticos adornos de flores y frutas de mármol:

—Guido, esta armadura, ¿es de tu abuelo?

—No, de un antepasado de mi abuelo.

—¿Y luchó contra los moros?

—Luchó contra los piratas.

—Guido, no te enrolles, contra los piratas no se luchaba con armadura, sino con una espada de ésas…

Y miraban las dos panoplias, dagas, espadas, mazas, sables, a ambos lados del salón, frente a los balcones por los que se oían los leves ruidos de la calle, los cascos de los caballos perdiéndose hacia las pétreas raíces de los cauchos de la plaza del Museo.

—Guido, tu abuelo, ¿cómo es que no luchó contra los moros?

—Porque el primer marqués de Flores murió en 1781.

—¿Y eso es después de los moros?

—Tonto, como te coja El Loro, el cate que te va a poner en Geografía e Historia...

—Y si no luchó contra los moros, ¿cómo es que está aquí la armadura?

—Porque la heredó mi abuela de otro antepasado suyo.

—¿Era también marqués?

—No, no era marqués, pero ése sí que luchó contra los moros.

Y Paco Fuentes los sacaba de sus fingidas aventuras:

—Guido, no marques más rollos, que éstos se lo creen todo. Dile que esa armadura está hecha hace mucho tiempo, pero que no es del tiempo de los moros.

—Tonto, como te coja...

Y salían corriendo por el pasillo, Guido detrás de Fuentes para retorcerle las orejas, hasta que la llegada de una criada, delantal blanco sobre la larga falda negra, los hacía detenerse:

—Niños, pasad a tomar la merienda...

Más pasillos, más escaleras, más ojos espantados por dragones que morían bajo patas de caballos en el fondo de los cuadros, por celestes bandas sobre casacas color hueso, por niños eternamente muertos en sus capotas de encajes encañonados.

Y al final, quizá, veían a la madre de Guido, y era sólo una cinta negra en el largo cuello de la que pendía un camafeo, y unas palabras bisbiseadas sobre la aplicación en el colegio, y una mano que se posaba sobre sus cabezas:

—Sed buenos, sed buenos...

Y luego que merendaban, le pedían a Guido que los llevara al despacho del padre, a ver los mapas. Bajaban unas escaleras y entraban en el despacho, y mientras unos se entretenían mojando las plumas de aves de verdad en los tinteros de cerámica, otros iban escuchando de Guido las explicaciones sobre los planos de las fincas enmarcados:

—Esto era «Las Lomas», y se tardaba dos días en recorrerla a caballo, y tenía dentro un castillo y una mina. Y esta otra es «Cortijo Herrera», ésta todavía es nuestra, que es donde yo voy a montar, doma inglesa. Estas dos ya no son nuestras, se llamaban «Los Arenales» y «Dehesa Boyal». Y aquí es donde están los toros, a la orilla del río, se llama «Rincón de los Brujos», pero no hay brujos aunque se llame así, lo que hay es una placita de tientas, que ha hecho papá, y muchos toros bravos, y vacas de media sangre.

—¿Qué es media sangre, Guido?

—Vacas que no son bravas del todo, que las crían para llevarlas al matadero y que tú te las comas...

—No, será para que se las coma Tello. En mi casa nada más que comemos garbanzos y arroz los domingos...

Y reían, mientras desde el cristal de los cuadros iban viendo la extraña caligrafía de los cartógrafos del Diecinueve, varas castellanas, veredas de carne, puntos y círculos que significaban olivos, y viñedos, y tierras regadías, y huertas, y alcornocales, y encinares, y pastos, y barbechos.

Era el último recuerdo que se llevaban del palacio de Guido, después que trataban de abrir los arcones que escalonaban las galerías del patio y después que los despedían los guerreros y los ángeles, los duendes y las matronas entre acantos del alto zócalo del zaguán. Y por la calle surgía la secreta historia de las fincas, jirones de un imperio perdido en los marcos del despacho del marqués de Flores.

—Tonto, casi ninguna de esas fincas son ya de Flores, su padre tiene un agujero en la palma de la mano...

—¿Como san Francisco Javier?

—Yo no sé. Lo que me han dicho en mi casa es que el padre de Flores tiene un agujero en la mano, y que todas esas fincas no es que las haya vendido, sino que las ha perdido jugando a las cartas y yendo con mujeres malas...

—Pues si yo tuviera muchas fincas, las vendía para irme con las mujeres malas, y así no tenía que hacerme médico para verle las tetas...

—Eso que has dicho es pecado, y te vas a condenar, como el padre de Flores.

—¿Y por qué te vas a condenar como el padre de Flores?

—Porque es como el hijo pródigo del Evangelio que nos explica el padre espiritual, que siempre está borracho y jugando a las cartas con las mujeres malas. ¿Tú no ves que Flores se pone colorado cuando el padre espiritual habla de esas cosas? Es que él sabe lo de su padre...

—No, tonto, que no lo sabe...

—¿Cómo sabes tú que no lo sabe, Fuentes?

—Porque yo se lo pregunté el otro día, que si lo sabía, yo también lo había oído en mi casa.

—¿A que no lo sabía?

—No, no lo sabía, pero yo se lo expliqué. ¿Tú no te has dado cuenta que no quería que hoy entráramos en el despacho para ver los planos de los cortijos?

Y se despedían en la plaza del Duque, después que esperasen ver un relevo de los soldados, ya los dejaban andar solos por la ciudad, pronto se habrían de poner pantalones largos. Y aquellas tardes que iban al palacio de Guido, Paco Fuentes volvía más triste. No esta vez, al descubrir a todos el secreto de la ruina de los Flores, los matatías que tenían puesta la vista en todos y cada uno de los muebles, los cuadros, las alfombras, las arañas de aquel viejo palacio del barrio de San Vicente, escudo de piedra entre placas de médicos, coches que venían del campo junto a humildes peseteros de las paradas de punto en que los vecinos de los Flores, abogados, empleados, rentistas de corto pasar, venían en todo caso de la estación o de una tarde de sol con niños en una venta de arroz y columpios. Siempre volvía Paco Fuentes triste del palacio de Guido. Se acordaba del recitado del catecismo del padre Ripalda en clase de Religión y se sentía pecador:

—¿Y qué es humildad?

—Debida inclinación al propio desprecio.

—¿Qué cosa es avaricia?

—Apetito desordenado de hacienda.

—¿Y qué cosa es ira?

—Apetito de venganza desordenada.

—¿Qué cosa es envidia?

—Tristeza del bien ajeno...

Con la tristeza del bien ajeno subía Paco Fuentes a la azotea cada vez que volvían del palacio de Guido, que procuraba que algunos amigos se quedaran con él y lo acompañaran a su casa. Subían a la azotea y Paco Fuentes, apetito de venganza desordenada, les enseñaba los palomos que allí tenían:

—Éste es palomo ladrón... Cada vez que sale, se trae a dos palomas con él...

—¿Y tu madre las echa al puchero, Fuentes?

—Algunas caen...

Y después, ya casi anocheciendo, el sol poniéndose tras los largos meandros del río. Paco Fuentes les iba enseñando su ciudad, apetito desordenado de hacienda:

—Pues si Guido tiene una armadura, desde aquí se ven cosas que desde la mira de su casa no se ven. Aquello de allí a lo lejos es el cerro de Santa Brígida, y debajo está Itálica, donde llevaban a los cristianos a que se los comieran los leones. Y aquello es la Torre de los Perdigones.

—¿Y tienen dentro perdigones para las cacerías, en jaulas, Fuentes?

—No, son perdigones de los cartuchos de las escopetas. ¿Tú no ves la parte de todo lo alto? Bueno, pues de allí tiran plomo fundido, y es como si lloviera plomo derretido, y cuando va bajando se va poniendo duro, y cuando el plomo ha llegado abajo, ya se han hecho los perdigones, por eso la llaman la Torre de los Perdigones. Y la otra que hay al lado es la Torre de don Fadrique, venga, pregúntame todas las torres, que me las sé, que mi padre me las ha enseñado.

—¿Cuál es aquélla?

—¿La de los azulejos negros? Aquélla es San Pedro.

—¿Y ésa, ahí grande, de ahí frente?

—Eso es el Salvador.

Y seguía Paco Fuentes en su dominio verbal de la ciudad, las tradiciones de su casa, sin la debida inclinación al propio desprecio que decía el catecismo que era la humildad:

—Yo me las sé todas. Allí están, una detrás de otra, San Román, San Marcos y Santa Marina. Y la otra es Santa Isabel, y allí, donde se ven aquellos árboles, es Santa Paula. Y por aquí por este lado, por aquí, tonto, eso es San Bartolomé, y eso es San Ildefonso, Santa Cruz, el Sagrario, la Catedral...

Se vengaba Paco Fuentes de las horas pasadas entre los muebles y los cuadros, y las armaduras, y las monturas inglesas de Guido. Y no podía ocultarlo a los amigos:

—¿A que yo me sé las torres y los conventos mejor que Guido los cuadros de los cortijos?

—Mucho mejor, pero ninguna de esas torres es de tu padre, Fuentes, son de los curas...

—Mejor, así no se las podría jugar. ¿Tú te imaginas cómo serán los agujeros de las manos del padre de Flores? Mira, allí está San Luis, que es el hospicio, donde están los niños que no tienen padre...

—Los hijoputas, Fuentes, los hijoputas...

—Pues los meten en el hospicio, a tocar la trompeta en la Banda de la Sopa...

—No digas esas cosas, Fuentes, que te vas a tener que confesar y decírselo al padre espiritual...

—Pues están allí. Mira, y en esa casa que se ve allí, que está por San Isidoro, vive una entretenida. Dicen que por las noches viene a verla un hombre que baja de un coche de caballos sin que se dé cuenta nadie, y luego el cochero pasa otra vez, a una hora que le han dicho, y lo recoge en la misma puerta, que se mete sin que lo vea nadie, y como es una berlina, con las cortinillas cerradas, y para en la misma cancela, nadie sabe quién es, pero dicen que es un marqués...

—A lo mejor es el padre de Flores, Fuentes, ¿tú no

has pensado que puede ser el padre de Flores, si dicen que va con tantas mujeres malas?

—Yo una noche que venía del quinario del Cristo, cuando me hicieron hermano y juré las reglas, me asomé un día, a ver la casa, pero no llegaba el coche del marqués y me tuve ya que venir. Pero otro día que pasaba por casualidad miré para dentro y la vi a ella...

—¿Y tiene las tetas gordas, Fuentes?

—No se le veían, llevaba una bata de flores, y muchas pulseras de oro, eso sí que le vi, muchas pulseras de oro, y estaba llamando a un gato...

—Fuentes, ¿y tú no le cogiste el gato?

—So cochino, que tú después vas y le dices al padre espiritual que soy yo el que provoca conversaciones y pensamientos, pero eres tú, que te chivas al padre espiritual... Pero aunque te chives, tú no sabes tanto de las torres. ¿A que es como si todas estas torres fueran mías, y todos los tejados que se ven desde aquí?

Y los otros compañeros se hartaban ya de Fuentes, y al unísono decían:

—¡Cateaaaaaa!

Y bajaban todos corriendo por la estrecha y empinada escalera, que los reprendía Setefilla cuando llegaban a la cocina:

—Niños, con tanto subir a la azotea, a saber lo que haréis ahí arriba. Un día os vais a matar...

Y al día siguiente, en la misa, Paco Fuentes se ponía en la cola del confesionario, y sentía el aliento y el olor a humedad y a polvos de rapé del padre espiritual:

—Me acuso, padre, de sentir envidia, y avaricia, y soberbia...

—¿Y malos pensamientos, y malas conversaciones?

—También, padre...

—¿Solo?

—No...

—¿Con quién, hijo? Dímelo, que a esas manzanas podridas hay que sacarlas del cesto...

—Con amigos, padre...

—¿Del colegio o de fuera del colegio?

—Del colegio...

Pero el padre espiritual nunca le preguntaba por la envidia. Y él deseaba algún día decir que cuando iba a casa de Guido Flores sentía, como todos los demás, tristeza del bien ajeno.

Eran tan tristes aquellos ajenos bienes en decadencia...

ERA LA TUYA, Guido, ciudad de fronteras, y no porque anduviera cerca de la raya de Portugal, ni por Matrera ni por Gibalbín, que fueron tierras de conquista y de pactos con la morería. Era la tuya, Guido, ciudad de fronteras que vosotros no acertabais a ver. De tu casa al piso de Paco Fuentes había una separación, pero había también otras que vosotros ni siquiera adivinabais, que os mantenía alejados de los niños de los corrales, del hambre, del cante de las tabernas, de los topes de los tranvías, de las blasfemias de los carreros. Para ti, Guido, la ciudad tenía jardines, las pilastras del patio, la enredadera del patinillo. Para los otros, niños pobres de tu ciudad, Guido, de los que una frontera invisible te mantenía separado, todo lo más había moreras en los caminos, en el camino de Pino Montano, en el camino del cementerio, moreras para criar gusanos en una caja de cartón y que por San José salieran las mariposas. Todo lo más, Guido, había algarrobos, de los que se desprendía la negra, aceitosa vaina que comían, como si fuera orozuz de palo, ellos, Guido, comían raíces, y mordisqueaban frutos, y yerbas, y se liaban cigarros con cominitos de matalaúva.

La vuestra, Guido, fue una infancia entre jardines. Para ti, para ti solo, para otros como tú, Guzmanes, y Tellos, y Ponces, y Bucarellis, y Fernández de Córdoba, los jardines del Alcázar. Cuando los reyes no estaban, los jardines eran vuestros, de vuestras pelotas de goma, de vuestros aros, de vuestros juguetes comprados en Madrid. No erais, Guido, niños de jardines públicos, del Cristina, del Museo, del Duque, de San Pedro, sino que teníais que marcar la frontera, y la frontera estaba dentro de la muralla, tras el patio de los naranjos y la fuente, donde se abría la puerta del Apeadero. Y como no estaba el zaguanete de alabarderos con el sombrero de tres picos y el calzón blanco y las botas altas dando guardia a don Alfonso y a doña Victoria Eugenia, los jardines eran vuestros. Tú no los veías, Guido, pero los niños pobres de tu ciudad, niños de San Isidoro, niños de San Bartolomé, niños de juderías y de morerías, niños de los apartijos que en tu ciudad seguía habiendo, iban a aquel abierto patio del interior de la muralla, junto a los naranjos y la fuente, a veros llegar por las tardes.

Llegabais, Guido, en las berlinas y en los milords de cerrada capota, un mundo de silencio, que no gritabais, peinados, lavados, almidonados, rubios, relucientes, quietos, y bajaban primero las amas de cría, las nanis, las criadas, las doncellas de vuestras madres, faldas negras, delantales blancos, cofias de encajes, agujas de plata, unas criadas viejas, Guido, que parecían como viejas infantas yendo eternamente a los toros para querer mezclarse con el pueblo. Y de las berlinas y de los milords os sacaban entre halagos, y allí estabais vosotros, Guido, frente a los niños que os observaban en la acera con bolas de barro en los bolsillos, y pelotas de trapo, y tierra en las uñas de jugar a la tángana y de jugar a la rana con huesos de fruta. Y ellos, Guido, en su frontera, estaban en sus dominios, que era la calle, negros como el picón, de alborotados pelos, cayéndoseles el pantalón apenas sujeto por una sola tiranta de tela en bandolera que les cruzaba el pecho y que se quería escapar de un botón en la cintura.

Y erais para ellos, niños de San Bartolomé, niños del Arenal, irreales, Guido, con vuestros olores a colonias de Francia, con vuestras camisas almidonadas de La Maison de Blanc, sin gritar apenas, con vuestras criadas como orondas infantas yendo a los toros, con vuestros cocheros estirados y omnipotentes en el trono servil del pescante.

Y salía, Guido, un criado del Alcázar con una librea, chapines de charol y medias rojas, y con sus guantes blancos, si es que no os conocía ya de otras tardes, recibía de la criada la tarjeta de la Casa del Rey que os flanqueaba el paso, que dejaba los jardines en tardes de invierno al dominio de los más fieles servidores de don Alfonso, ya de niños, Guido, os habían inventado aquella corte de albero y de estanques, de pabellones y de naranjas, de surtidores y palmeras, y os ibais al final de la tapia, Guido, que aún le llamabais el Huerto de Mariana, y en el suelo todavía estaban, si ya era primavera, las moras, con que os manchabais vuestros blancos vestidos.

Y Paco Fuentes, Guido, no iba con vosotros a los jardines del Alcázar, que no era niño de jugar en las resbaladeras de los callejones ni de saltarse a piola los marmolillos, pero tampoco, Guido, era como vosotros, ciudad de fronteras la tuya, que te morirás sin haberlas aprendido, en tu vano dominio del mundo que se te va de las manos. Y Paco Fuentes, Guido, iba al Salón de Cristina, estaba escrito sin estarlo dónde teníais que ir a jugar todos: tú, al Alcázar; al Cristina, Paco Fuentes;

al supremo reino de la calle, el trompo, la piola y el juego de al cielo voy, los demás, los negruzcos niños de la tiranta en el pantalón y el chalequillo de mil clases de lana tejido por las damas en el Ropero.

Y para Paco Fuentes, Guido, se abría el mundo público de los jardines, a la vera del río, y veía desde allí el humo de las chimeneas que su abuelo le explicaba, y las velas que el viejo José Torres sabía arriar. Y tampoco, ellos, Guido, sabían que aquella entre flores y arriates y salones de albero, y columnas con altos emparrados, y jarrones de piedra sobre pilastras de ladrillo, era su obligada, abierta reclusión entre acacias, plátanos de indias, gleditsias, fresnos de Luisiana, tuyas de Oriente, sóforas del Japón, catalpas, almeces, magnolios, cauchos, chopos de Lombardía, sauces de Babilonia, guayacanas, aislantos, pipirigallo, zulla, yerba de Guinea... Y cuando llegaba al banco donde estaban con las criadas, le gustaba a Paco Fuentes, Guido, que el guarda le dijera aquellos nombres de los árboles y de las plantas, que a él, y aún no sabe por qué, le recordaban el lejano mundo del abuelo y los vapores que iban a La Habana, mangos, mameis de Santo Domingo, morales de papel, aguacates, gertromias, nogales de la India, campeches, limoncitos de olor, arces, yerbaluisas y lirios sanjuaneros.

MUY GALÁN Y ALGO TORERO

1929

NO TERMINÓ GUIDO muchos cursos en el colegio de los Jesuitas. Había como un proceso de selección natural en el que cada año iban saliendo los peores alumnos, a más de las expulsiones por faltas graves contra la castidad. Aguantó, más con recomendaciones y ruegos del padre ante el rector que con buenas notas y la aplicación que los profesores deseaban, apenas dos cursos. Mientras, sus amigos de las meriendas en la casa de la calle San Vicente, de las escapadas para recorrer la ciudad de chimeneas y fábricas en el tranvía de la ronda, iban sacando mejores notas que él, especialmente Paco Fuentes, de quien en los recreos ya empezaban a decir:

—Cuando tú estés en Séptimo te harán príncipe del colegio, y querrán que te vayas al Noviciado, ¿no te ha preguntado el espiritual si tienes vocación, Fuentes?

—Sí, me lo preguntó el otro día, que me llamó cuando estábamos en clase de Latín...

Y se reían de él:

—Rosa, rosae, el padre Fuentes, vas a ser el padre Fuentes...

Y comenzaban a dar vueltas en torno a él, con bromas:

—Padre Fuentes, éste está copiando el examen de Latín...

Guido notó un día, después de la feria, caras más estiradas que de costumbre en la cena. Incluso era extraño que le esperara su padre, que raras veces cenaba con ellos, siempre ocupado en extraños y nunca claros negocios que no hacían sino incrementar la ruina de la ya corta hacienda.

—Guido, mañana, cuando acaben las clases por la tarde no irá el coche a por ti. Me esperas junto a secretaría, que me ha llamado Luis Mejorada para que hablemos con él.

—¿El rector?

—Sí, Guido. Yo sé ya qué quiere...

—¿Qué, padre?

—Que no se puede ser tan mal estudiante como tú eres...

Para aquello era. Aquella tarde no hubo un cochero en la plaza de Villasís gritando «¡Señorito Guido, señorito Guido!» entre las cabezas infantiles y los gritos. Cuando salió de la última clase, sin secar aún el sudor del juego a la pelota durante el recreo en el segundo patio, ya lo esperaba su padre:

—Hijo, sécate esos pelos, así no vas a entrar a ver a Luis, compónte...

Aguantó como pudo el retorcido discurso del rector, que se esforzaba en mostrar comprensión, pero que era inflexible en su suficiencia de cardenal renacentista:

—Sabes, Flores, que nos hemos ocupado mucho de Guido, quizá más que de otros con mayores méritos académicos que él. Bastaba que fuera de la Casa de Flores, para que la Compañía, que tan decisivas ayudas ha recibido de ella en todo tiempo, para que Guido no fuera un alumno más. Los padres y los profesores se han esforzado, me consta. Pero Guido no ha comprendido o no ha querido comprender la alta misión del colegio, que es formar sabios y santos españoles, para que sean dirigentes el día de mañana. Para aprobar los exámenes, Guido, y tú lo sabes, hay muchos colegios. Para aprender Latín, y Geografía, también. San Ignacio quiso que, sobre el saber mundano, nos ocupáramos muy especialmente de las almas de los que un día tendrán en sus manos la gran responsabilidad de muchas otras almas. Pero Guido no puede ir por ese camino. Podrá ser un excelente agricultor, como su padre, podrá prestar grandes servicios a la sociedad y a la Iglesia como propietario, pero mucho me temo que Dios no lo haya llamado por el camino de los estudios…

Y Guido, como cuando en clase veía la lluvia tras los cristales, se entretenía en mirar las fotografías enmarcadas en sus cornucopias doradas, en pasar la uña por el damasco del brazo del sillón en que estaba sentado, en contemplar el pequeño crucifijo que el rector, Luis Mejorada, tenía sobre la mesa, una cruz como la de los Cristos de Semana Santa, qué buena Cruz de Mayo haría Paco Fuentes en su calle si el rector le prestara este crucifijo y pusieran de faldones las cortinas del gabinete…

—Hay muchos otros colegios, Flores —continuó el rector, reposada energía en su blanca piel de cera—, y Guidito no tiene por qué estar necesariamente aquí. De quedarse, tendría que repetir el curso. De irse, le daríamos el que ahora acaba por aprobado, y así el niño no perdería año. A él no le hace falta hacerse abogado, ni médico, gracias a Dios ocupación en su propia hacienda no le va a faltar, si quiere mantenerla e incrementarla. Guido puede ser, ya te digo, un buen labrador, un buen padre de familia, pero dudo que lo haya llamado Dios por el camino de los estudios. Que aprenda idiomas, que parece que ahora con la Exposición tendrán campo, y que les serán útiles para los negocios el día de mañana. Pero yo te ruego, Flores, que quites al niño del colegio.

Guido, como muy pocas veces en su vida, admiró y quiso a su padre, cuando, con un andaluz muy cerrado, como si quisiera voluntariamente olvidarse de su buen tono en empeñarse en hablar a la castellana, cortó al rector:

—No, Luis, no sigas, que soy de campo, pero no tan torpe... O sea, que con esas palabritas tan finas tú lo que haces es que echas a Guido del colegio y ya está... Vamos, que lo expulsas...

—No, por Dios, no se trata de una expulsión, sino de una recomendación que hago en mi nombre y en el de la comunidad, por el bien de los estudios...

—Llámalo hache, Luis, pero eso es que no queréis al niño en el colegio...

—Sí, lo queremos, Flores, quizá no me he expresado bien...

—Te has expresado divinamente. ¿No te vas a expresar divinamente? Como que con lo bruto que soy hasta yo me he enterado: que lo echáis a la... Hasta iba a decir una palabrota, Luis. Vamos, que lo echáis...

—Hay muy buenos colegios...

—Sí, tú lo que quieres es que lo llevemos a Utrera, a los Salesianos, me sé la copla, Luis, un día vais a tener que hacer una carretera que vaya desde la puerta del colegio a los Salesianos de Utrera; vamos que estaba yo por decirle a los de los Firmes Especiales que la hicieran. Gente no iba a faltar por el camino...

—No radicalices, Flores, no radicalices...

—Si yo no radicalizo, si el que radicalizas eres tú. Si el niño valiera, seguro que ya le habíais echado el ojo para meterlo en la Compañía, que no ha habido ningún Flores en la Compañía. Pero como el niño no vale, a Utrera, Luis, a Utrera y sanseacabó...

—Será un buen agricultor, un buen ganadero, parece que es aficionado a los toros...

Guido recuerda ahora todo aquello muy lejano, como cuando llegó Primo de Rivera, y no sabría exactamente decir si lo echaron de los Jesuitas antes o después de la Dictadura. De la llegada de la Dictadura sí se acuerda, siempre a través de la tirantez del comedor, los criados como esculturas para llenarle la copa de agua con la botella tallada de largo cuello, un guante blanco sobre los cubiertos de plata, un guante blanco sobre los manteles de hilo, un guante blanco acercando la fuente.

Hubo en la calle San Vicente una alegría que incluso suavizó la tirantez del matrimonio, una vez lo oyó Guido que lo comentaban los mismos que iban a merendar algunos jueves por la tarde a su casa:

—El padre de Flores y la madre no duermen en el mismo cuarto...

—¿Y tu padre y tu madre duermen en el mismo cuarto?

—Hombre, con lo chico que es el piso... En el verano, cuando hace mucho calor, mi padre saca una butaca al balcón, pero eso es nada más que en el verano...

—Tonto, más que tonto, que no sabes lo que te preguntaba... ¿Tu padre y tu madre se acuestan juntos todavía?

—Me voy a chivar al padre espiritual...

La tirantez de los cuartos separados se había roto. Llegó el padre de Guido con un periódico en la mano y rechazó el vino que el criado escanció en la copa:

—Este vino, no; uno mejor, ¿no hay nada mejor abajo en la bodega? Busque, busque...

Guido recuerda vagamente lo que contó el padre. Que se había terminado el desorden. Que el Rey había puesto un dictador, un general:

—Verás tú lo pronto que los militares acaban con la sangría de África...

Para Guido, África es el recuerdo de una tarde que se encontró a Dolorcitas llorando en el cuarto de la plancha, cuando llegó del colegio e iba a la cocina a por chocolate:

—Nani, ¿qué le pasa a Dolorcitas?

—Que el novio se lo llevan a África, a la guerra...

—¿Ése que estaba aquí una tarde tomando un tazón de café migado?

—No se lo vayas a decir a la señora marquesa, Guido...

—¿El qué?

—Que yo metí un día al novio de Dolorcitas...

—Total, si ya no va a venir más, ¿no los matan a todos en África los moros, y les cortan las orejas, y les quitan los dientes de oro?

—Niño...

Y escuchaba los llantos. Y otro día, cuando salieron del colegio, le dio una excusa al cochero, y se fue con Fuentes y con los otros al muelle:

—Hoy embarcan soldados para África. Verás tú qué cachondeo, que a las mulas les ponen unas sogas y las suben con las grúas...

Guido recuerda ya lejanamente aquel embarque de tropas, y los largos palos de las camillas que unos soldados llevaban en vez del fusil.

—¿Esos palos, qué son?

—Para las camillas, para recoger a los heridos...

—¿En el Barranco del Lobo?

—No, eso fue en la otra guerra, el Barranco del Lobo y el Gurugú. Ahora lo que hacen es meter el convoy, ellos quieren meter el convoy, y los moros no los dejan entrar en el castillo...

—Como la Reconquista, Fuentes.

—Sí, tú te podías poner la armadura e irte a la guerra de África, Flores, ¿te imaginas? Cuando los moros te vieran llegar con la armadura, como en el libro de Historia de España, se iban a creer que eras un rey antiguo...

—Ni quito ni pongo rey, pero le doy un cosqui a mi señor...

—Cateaaaaaa...

Y se reían de él, absortos en el pretil del malecón, sentados con los pies hacia fuera, hacia el lado por donde había una vía y pasaba el tren. En el muelle estaban formados los soldados, los acemileros con las mulas, los carros con las pacas de paja, las chimeneas de las cocinas con ruedas. Y aquello era para ellos la guerra, una aventura en la que oían las canciones de las muchachas antes de echarse a llorar en el cuarto de la plancha:

En el Barranco del Lobo
hay una fuente que mana
sangre de los españoles
que defienden a su patria...

—Guido, ¿y si hay más heridos que palos de camilla, qué hacen?

—No, mi padre me ha dicho que antes de las batallas saben ya cuántos muertos va a haber. Y que un capitán dice: que caven doscientas fosas, que caven trescientas fosas...

—¿Tantos mueren?

—No se mueren, los matan los moros, y les cortan la churra, y se la meten en la boca...

—Guarro...

—No, se la cortan, y le cortan las orejas...

—Qué asco, no cuentes esas cosas, que después sueño ...

—Pero si es verdad...

De aquellos años que precedieron su marcha al colegio de Utrera recuerda Guido también cuando su padre contó en la mesa lo del crimen del expreso de Andalucía, que Primo de Rivera había firmado la pena de muerte para los asesinos del crimen del expreso de Andalucía, y el marqués de Flores otra vez rechazó el vino y mandó por otro mejor de la bodega:

—Mano dura —decía el marqués—, aquí lo que está haciendo falta es mano dura, y la van a tener. Tenía que ser un jerezano. Verás tú como Primo acaba también con los pistoleros. Aquí, si no se pone la horca en la Plaza de San Francisco no va esto derecho... Yo la tenía puesta todo el día, verías tú como no había tanto desorden. A ver si Primo aligera lo de la Exposición y pone orden...

Guido no entendía la relación secreta que pudiera haber entre el vino traído de la bodega y la muerte de aquellos muchachos que él había visto en las fotografías de la revista, cuando el padre levantó la copa y, muy solemne, dijo:

—A su salud, mi general, ole sus cojones...

Se hicieron para Guido cortos los dos años que pasó en Utrera. Los nuevos compañeros lo acercaron al campo, y era para él como tener más cercano el mundo del cortijo, del caballo, de los toros, de la placita de tientas. Hablaban de toros, y de niñas, y de sangrientas historias de cortijos, antes que apagaran la luz en el dormitorio.

—Y entonces, Álvarez, ¿encontraron al que lo mató?

—Lo encontró la Guardia Civil. Todavía llevaba en la mano la escopeta de dos cañones, porque aquel hombre se había vuelto loco.

—¿Y eso, dónde dices que fue?

—En un cortijo que está por ahí por la parte de La Puebla de Cazalla...

—¿Tú eres de allí?

—No, yo soy de Osuna...

—¿Y tu padre qué es en Osuna?

—Boticario...

—¿Y tú vas a ser boticario?

—No, yo quiero ser aviador...

—Pues yo tengo amigos que saben guiar una avioneta...

—¿De verdad, Flores?

—De verdad, una vez que vengas a Sevilla te voy a llevar, dicen que los olivares se ven como en los mapas y que el río no es derecho, sino que da la mar de vueltas por las marismas...

—Apaga la luz, que viene El Canguro...

Su madre iba a verlo muchas tardes, y paseaban por los patios, y una y otra vez volvía a preguntarle si le hacía falta algo, y había silencios delatores cuando Guido le preguntaba por su padre:

—Ya vas siendo mayor y se te puede decir, Guido. Las cosas no van bien, papá está pensando en vender «Rincón de los Brujos». Hay unas compañías que quieren sembrar arroz en las marismas, las lleva Rafaelito Beca, y están dispuestos a pagar más que nadie.

—¿Y papá vende?

—Hijo, hablas ya como si estuvieras con nosotros, qué bien te ha salido lo de «¿y papá vende?», dame un beso... No sé qué haces aquí. A nosotros nos harías más falta...

Se sustanció la compra un año más tarde, cuando ya Guido, definitivamente, había dejado los estudios y había estrenado su nuevo ámbito, la mañana que el padre le dijo:

—Guido, te vas a venir conmigo al Círculo...

—¿Para qué, padre?

—¿No quieres ser labrador?

—Sí...

—Pues para que veas cómo es csto...

Descubrió aquella mañana Guido la fuerza que el padre aún tenía en la ciudad, aunque hubieran vendido ya «Las Lomas», y «Los Arenales», y «Dehesa Boyal». No fueron en coche, sino que salieron andando, era ya verano, y él se puso por primera vez un traje de seda blanco, como el que su padre usaba Pero en vez de la corbata y la cadena del reloj de oro delimitando el breve camino del ojal de la solapa al bolsillo de pecho, Guido se había puesto una corbata de lazo. Cuando de tarde en tarde volvía a ver a Paco Fuentes, que ya estaba estudiando Derecho en la Universidad, veía que usaba una pajarita de colores:

—Todos los poetas la llevamos. Es como la chalina de los románticos, pero más moderna. Es la chalina del ultraísmo, Guido...

—¿El ultraísmo no será una enfermedad venérea, no, Fuentes?

Ya empezaba Guido a ser él mismo, que en cuanto dejó los Salesianos de Utrera comenzaron en su casa a aplicarle el «don», como si, de cara a la calle, hubiera terminado aquel bachillerato que nunca se le pasó por la imaginación concluir. Lo que había perdido en estudios, a su paso por Utrera, con los hijos de los boticarios de pueblo, de los secretarios de juzgado, de los administradores de fincas a cuyos dueños él conocía por el título, lo había ganado en una especial, cazurra filosofía de la vida que, mezclada a su soberbia, a su designio para el dominio del mundo que perdiendo iba, habrían de formar la más brillante y pública figura de su altanería:

—No vaya a ser el ultraísmo una enfermedad venérea, Fuentes, porque ayer estuve con una tía que seguro que era también ultraísta...

—¿Poetisa?

—No, coño, que creo que me ha pegado unas purgaciones...

Descubrió aquella mañana Guido la fuerza que su padre aún tenía en la ciudad. Pasaban por la calle de los casinos, y de los sillones de mimbre, blancas chaquetas, sombreros de Panamá, franjas de luto al brazo, calcetines de seda estirados en las piernas cruzadas, zapatos de lona y material relucientes tras la servil postración del betunero, de aquellos sillones iban, como un rito exacto, saliendo las cabezadas, los saludos; quién se incorporaba para denotar que su intención era levantarse, quién, si estaba cubierto, se descubría:

—Vaya usted mucho con Dios, señor marqués...

—Buenos días, señor marqués...

Padre e hijo, los dos con el traje blanco de seda, color hueso del viejo Sur tropical donde todavía llegaban vapores de La Habana, eran las dos generaciones que se unían en el casino, al que entraron finalmente, por vez primera Guido en su nuevo mester de señorío. Estuvieron sentados un rato, el que el padre necesitó para leer los títulos de los periódicos, para preguntar sin levantar la vista de las manos extendidas con el amplio papel:

—Oye, ¿este Manolito Halcón que le ha dado por escribir, es el sobrino de Antonio Halcón?

—Sí, es de una tertulia que tienen los poetas ahí en el Café Nacional, yo lo sé por Paco Fuentes...

—Ah, tu amigo el poeta... Que estudie Derecho, que se aprenda bien el contrato de compra-venta, y que se deje de poesías, que para poesías estoy yo hoy. Anda, vamos a ver si vemos a un corredor en el Mercantil...

Salieron del casino, y ante la curiosidad de Guido en su primera señorial mañana, la calle se le apareció no como una algarabía de voces y de mujeres que no se atrevían a pasar para no escuchar piropos desde el mimbre de los sillones de los casinos, sino como un mundo que se le rendía, un gran patio, de azotea a azotea las velas marineras dando sombra a los corros de los tratantes, a los escaparates con abanicos y sombrillas, a las cabezas de toros que se veían junto a los mostradores de las tabernas.

—Buenos días, señor marqués y la compaña... ¿Qué, metiendo al niño por las cosas del campo?

—Metiéndolo...

—Pues métalo usted, que en esta calle hay más campo que en toda la provincia junta... Donde se aprende de campo es aquí, señor marqués, ¿le interesa a usted una punta de merinas?

Pasaron ante el Café Nacional:

—Mira, ahí es donde para Manolo Halcón, ¿tú no preguntabas por él? También viene Paco Fuentes, con un amigo suyo que se llama Carlos García, y hay otro que se llama Porlán...

—Pues que tengan cuidado, que me he enterado yo que le están sacando el dinero a todo el que se acerca, para pagar papelitos de versos... Ten tú cuidado con Paco Fuentes, que sé que es buen amigo tuyo, que lo que me faltaba a mí es que tú tiraras el dinero en versos... Si fuera en mujeres...

En mujeres ya lo tiraba, pasado el avenate de los toros, al que llegó en la tertulia del Nacional, donde un día hablaron de un viejo marqués que quería sacar los toros con los ojos verdes:

—Pero ésos, ¿qué van a ser? —dijo Guido, para que todos rieran su gracia cazurra—, ¿toros bravos o tanguistas?

Se le pasó el avenate de ocuparse de la punta de ganado bravo que pastaba en «Rincón de los Brujos» y que le llevó a acudir a los embarques de las escasas corridas que lidiaban con el hierro del marqués de Flores, hierro que ya quizá, si vendían aquello para el arroz, apenas habría de servirle para que estuviera pintado en las portezuelas del sociable que habrían de enganchar a la media potencia la feria siguiente.

Siguió Guido acudiendo por las mañanas al casino y a despachar con los tratantes en el Mercantil. Descubrió así un mundo que poco tenía que ver con los cuadros y los guantes blancos de los criados de su casa. Recluido hasta entonces, entre criadas, entre doncellas, en los Jesuitas, en los Salesianos de Utrera, con las gestiones que el padre le encargaba tenía pretexto para llegar tarde al almuerzo, o para no acudir a la cena, o para ni siquiera ir a dormir:

—Que le digan a la señora marquesa que me voy a Utrera a pesar un ganado...

La ciudad vivía la fiesta de la Exposición, que por fin iba a celebrarse. Vendieron a la compañía del arroz «Rincón de los Brujos», y hubo un aplazamiento de las dificultades e incluso una cierta prosperidad. Entraron en la casa alhajas e invitados a fiestas. Volvieron a abrirse los salones de la casa de la calle San Vicente. El general por quien el padre de Guido había brindado había traído una prosperidad de la que todos se beneficiaban, y ellos creían que se la debían a Primo, cuando en verdad era debida a la compañía, que había vendido el ganado bravo de «Rincón de los Brujos», había cerrado la placita de tientas y había convertido el cortijo en oficinas y en depósito y talleres de máquinas, que sobre el patio de la gañanía habían levantado una nave para los tractores.

Fue y vino Guido a otras fiestas, a otros bailes, comenzó a frecuentar bares de moda, a los que iba a tomar el aperitivo cuando ya la mañana estaba vencida en el casino, ante la reprensión, más ficticia que verdadera, del padre, a quien el fondo gustaba ver cómo Guido se afianzaba en su soberbio desprecio por todos, buen esqueje del tronco de los Flores:

—En esos bares, lo que tomáis son bebidas de maricones. Los hombres beben manzanilla y han bebido manzanilla toda la vida de Dios...

Había en aquellas fiestas a que Guido era invitado propicios corredores, cuartos de invitados donde siempre quedaba una puerta abierta que cerrar tras de sí con una muchacha. El paso del tiempo había aumentado su belleza, sus movimientos distinguidos y lentos, y pronto alcanzó entre los de su clase fama de ocurrente y divertido, de buen conversador, cáustico muchas veces en sus observaciones, casi sangrientas, sobre cuanto le rodeaba, si alguien se atrevía a poner en duda la supremacía de sus dotes. Siendo de una casa secundona, no faltó a las buñoladas flamencas en Dueñas, la casa que los Alba tenían en la ciudad. Cautivó Guido a doña Sol:

—¿Y de quién es hijo ese muchacho?

—De Flores...

En los palcos de la Plaza, por la Semana Santa; en la Feria, con la lona de las casetas echadas en la alta madrugada; con chaquetilla de traje corto o con esmoquin, fue Guido atracción de todas las mujeres de su clase:

—Y que no se os olvide invitar a Guido Flores...

—Te tira a ti mucho Guido Flores...

Era, en parte, como un galán americano de película, aquella forma de mirarlas a los ojos, aquel modo displicente de tener el vaso en la mano... Su casa se había resarcido de pérdidas y dificultades, y Guido, como la ciudad toda, se disponía a vivir su gran sueño. Guido cogía el coche que él mismo había aprendido a conducir, y gustaba de acercarse al Sector Sur, a ver todo lo que iba a ser inaugurado para la Exposición. Había surgido una ciudad nueva, calles, parques, hoteles, pabellones con nombres de lejanos países o de remotas provincias, nuevas líneas de tranvías, barriadas enteras, que él ni siquiera conocía:

—¿Cómo dice usted que se llama esto? —preguntaba, sacando la rubia cabeza por la ventanilla del coche.

—A esto le dicen los Hotelitos del Guadalquivir.

—Muchas gracias, buen hombre.

—A mandar, señorito...

Gustábale oír lo de «señorito». En los cafés cantantes, en los oscuros bailes de los barrios, a aquel que iban algunas madrugadas, ya todos borrachos, junto al muelle, y donde un viejo marinero tocaba el acordeón subido en un estrado:

—Un duro si le quitas el acordeón a ese tío...

—Pero, señorito Guido...

—Un duro si se lo quitas... Y dos duros más si se lo tiras al río...

—Lo que usted diga, señorito...

Y aquel pícaro, corte de los guachis del muelle, terminaba cogiendo el acordeón y llevándoselo a Guido a la mesa. Y él siempre con sus gestos, que hacían que por días ganara fama de espléndido en la ciudad:

—Toma, el duro que te prometí. Pero ahora he cambiado de opinión, ahí van los dos duros, pero para que no le tires el acordeón al río, sino para que toque «Cruz de mayo sevillana»...

Y sonaba el pasodoble triste en el acordeón del baile del Postigo del Carbón, y ya la reunión de Guido se levantaba y se subían en los coches:

—Vamos al Charco la Pava, que conozco yo allí a una gitana que nos va a cantar la alboreá...

Y había un ruido de motores y gritos en la madrugada, ya amaneciendo, mientras de los barrios venían hacia el muelle hombres con blusas y gorras que llevaban un pequeño canasto. O los regadores. Guido le tenía una especial atención a los regadores de la madrugada. Cuando veía uno, en aquellas largas madrugadas de tabernas y ventas, mandaba parar al que fuera conduciendo:

—Para, para, que hay un regador y vamos a hacer catequesis.

Del asiento de atrás salía la voz de aguardiente de menta de una mujer:

—¿Cómo dices, Guido? ¿Catequesis a estas horas?

—Sí, a esta gente hay que convertirlas...

Y paraban el coche junto a la blanca parábola de la manga sobre los adoquines:

—¿Qué, buen hombre, regando?

—Aquí estamos, señorito...

Y había una resignación en la palabra, larga la parábola del agua, el dedo sobre la manguera de cobre:

—Aquí estamos, señorito...

—¡Ea, pues siga usted regando, amigo! Siga regando hasta que se vea América... Y cuando se vea América, diga usted «¡Tierra!», como Rodrigo de Triana, no se le vaya a olvidar, ya sabe usted, «¡Tierra!»...

Y había una explosión de risotadas dentro de los coches, que arrancaban ligeros, madera y pintura, seda en los borlones de las cortinillas, para la alejada venta.

A algunas de aquellas largas madrugadas llevaba a Paco Fuentes, lo llamaba por teléfono:

—Tengo que estudiar...

—Tú, estudias menos, y vente con nosotros. Vamos a ir a la Exposición y después vamos a hacer caza al aguardo...

Guido lo llamaba «caza al aguardo». Era recorrer los pabellones, las colas del Caldo Maggi, los vagones del ferrocarril en miniatura, los dioramas con los indios viendo en la eternidad del cartón-piedra la llegada de Colón. Junto a pabellones de azulejos y ladrillos, o en el parque de atracciones, subidos en la barcaza que disparaban desde la alta rampa para caer entre espumas y gritos en el lago, era la espera de la mujer. Muchachas de los barrios que andaban rientes y cogidas del brazo bajo las guirnaldas de esferas luminosas, entre las barcas venecianas de la ría, la gran fiesta, el sueño que la ciudad vivía y en el que a todos recibía, braceros que habían dejado la siega por los andamios, huecos que quedaban en la industria y que eran ocupados por los porqueros que abandonaban el pueblo, por los que en la ciudad esperaban encontrar la ventura que transitoriamente hallaron.

Llegaban a la entrada de la Exposición, y Guido enseñaba el pase, y gustaba siempre de colar a Paco y a quienes con él fueran:

—Estos señores vienen conmigo, marquesado de Flores, invitación del comisariado Regio...

—¿Eso es verdad, Guido —le preguntaban luego—, que tú puedes entrar a todos los que quieras?

—Y sin invitación también. Mira, yo he entrado con el carnet del Círculo, y con el abono de los toros... Menos darle una peseta a Cruz Conde, todo lo que quieras...

Y reían, y se iban para el pabellón Citroën, y alquilaban un taxi, sólo a su Hispano se resistían las barreras de la Exposición. Y en el taxi recorrían las avenidas:

—Va usted a llevarnos al Stadium, y después va a dar la vuelta y va a ir parando donde le digamos...

Y señalando el taxímetro:

—Y deje usted que eso corra todo lo que quiera. Algún día tenía usted que montar a alguien que no fuera un segador portugués, sino unos cazadores al aguardo. Nosotros somos cazadores al aguardo de la Exposición, ¿sabe usted?

Y siempre la misma falta de convicción en quienes tenían que rendirse a su ofensivo señorío:

—Sí, señorito...

Y empezaba el largo paseo. Paraban, entraban en los pabellones, alocados, midiendo con la mirada rotondas y pasillos con libros y máquinas, carteles y muestras de grano de la Argentina, de tabaco de Cuba, de ron de Venezuela, de café de Colombia... Terminaban a menudo sentados en un velador, cuando había encontrado la muchacha, que siempre negaba los proyectos de Paco Fuentes:

—Ésas vienen solas, eso no tiene mérito. Tiene que ser que vengan con el novio...

Guido las miraba junto a los cordones que los separaban de los trajes de los indios, de los carteles de gauchos y guayules. Bastaba una sonrisa para que se mostrara ya victorioso ante Paco Fuentes:

—Ésta traga, y la amiga también va a tragar... Tú verás... A los puestos, tururú, tururú...

Alocado, hacía como un cuerno de montería con la boca, y seguían a aquellas parejas de novios de los corrales, de las barriadas construidas para la gran locura de ladrillo visto y azulejos. Eran todos los novios iguales. Muchachos con el pelo muy peinado hacia atrás con brillantina, a lo Carlos Gardel, la mejorcita ropa que habían encontrado en la cómoda, el trajecito del Domingo de Ramos, y de la protestación de fe en la Hermandad, y de los entierros, el trajecito de ir a buscar trabajo. Guido los despreciaba, Paco Fuentes sabía leer el desprecio que había tras aquellas palabras de la larga, amorosa broma:

—Ten cuidado, que éste derrota por el izquierdo, me ha echado una mirada antes el tío, para mí que se ha dado cuenta que le estamos levantando la caza...

Y terminaban siempre en un velador, o en la barra de un quiosco. Lo tranquilizaba Guido:

—Tranquilo, Paco, que a los cabestros como éstos se les gana por la meada. Ya te dije el otro día que los tíos tienen que ir a mear, ¿no? ¿No hablamos así con aquellas del barrio Polo, cuando ellos habían ido a mear? Pues éstos también irán a mear, tienen que quitarse la tierra que se echan al lomo al escarbar...

Y pedían otra media botella de manzanilla, y al final, cuando ellos las dejaban momentáneamente, o cuando iban a comprar alguna entrada en alguna cola, Guido las abordaba:

—Aquí, dos caballeros al servicio de las damas...

Y reían las muchachas, entre el miedo a que los novios volvieran, la sorpresa por la irrupción de los dos señoritos y la satisfacción de verse, por fin, halagadas por quienes tanto las venían mirando...

—Iros, que van a volver, iros. Mañana venimos con vosotros y nos montamos en el tren.

—No, mañana, no, esta noche. ¿No habéis visto la Exposición de noche? Mi amigo es especialista en la Exposición de noche... ¿A las diez?

—A las diez, pero, venga, que van a volver...

—¿Pero dónde?

—En la parada del tranvía de la Puerta Osario. Nosotros cogemos el tranvía en la Pasarela y nos bajamos allí...

—Hasta luego, y a ver si os quitáis pronto de encima a esos pesados, que se gastan menos que...

Y repetía Guido las viejas comparaciones escuchadas a los criados, a los chóferes, a los caseros, a los conocedores de «Rincón de los Brujos». Y siempre terminaban igual, reservado de una venta, antes de que el reluciente Hispano se hubiera detenido junto a una parada del tranvía, a la puerta de una iglesia...

Y cuando iban para la cita de la «caza al aguardo», Guido gustaba de imponer su secreto mando sobre Paco Fuentes:

—Tú es que no eres lanzado, todas tragan. Nos ven a los dos, y no saben ni quién eres tú, ni quién soy yo. Pero tragan, porque para ellas somos dos señoritos. Tú no eres igual que yo, tú serás un pobre picapleitos...

—No, un poeta...

—Ni poeta, ni leches... Tú ahora escribes versos, pero tendrás que ganarte la vida como abogado. Pero para ellas somos el marajá de la Kapurtala vestido de largo, no quieres darte cuenta, Paco. ¿Tú no ves que están loquitas por dejar a los novios y venirse con nosotros? Si nosotros somos para ellas como la Exposición, ¿tú no ves que si no fuera por esto ni podrían vernos siquiera, que estarían en su casa cosiendo más capotes de soldados que una Singer?

AQUELLO, GUIDO, sí que lo aprendiste con los jesuitas, qué bien aprendido te tienes el discurso del rector cuando con tan buenas palabras te expulsaba del colegio, cuando la mar del mundo, Guido, con zozobrante quilla, hijo del marqués de Flores, cruzare tu barquilla, acuérdate del rector, aquellas sedas vaporosas de su sotana, recuerda sus palabras, te han educado para que seas dirigente a mayor gloria de Dios, con un Rey que también lo es por la gracia de Dios, Dios es de los vuestros, Guido, y Dios ha escrito la distancia que tiene que separarte de Paco Fuentes, y la que a ti te tiene que separar de doña Sol y de los Alba, y a su vez la que tiene que haber entre Paco Fuentes y las muchachas de los talleres y de las fábricas de aceitunas que montáis en el Hispano, y te digo montar, Guido, en todos los sentidos de la palabra, ahora que ya no nos tenemos que confesar con el padre espiritual, arriba, en la capilla, ni va a llegar El Canguro en el internado de Utrera, le llamabais, ¿te acuerdas, Guido?, El Canguro porque andaba a saltos y porque se guardaba en el bolsillo todo lo que os encontraba cuando había apagado la luz, novelas verdes junto a las linternas, postales parisinas de blancos pechos ante el magnesio de un fotógrafo, pechos como los de las costurerillas en los reservados de las ventas, Guido, sólo que en las ventas no tenían al fondo paisajes de palmeras y balaustradas, sino que había un almanaque de un anís de Rute, y el camarero llamaba siempre antes de entrar, ¿se puede, señorito Guido?, muy buenas noches tenga el señorito Guido y aquí la compaña, y usted también, señor Francisco Fuentes...

Ibas a ser dirigente, te educaron para que siempre estuvieras por encima de los demás, y en tu casa te enseñaron qué casas eran más que la tuya, para que las aceptaras, para que despreciaras a todo lo que no fuera Medinasidonia, Infantado, Alba, Medinaceli... Ellas, Guido, habían tomado la almohada con don Alfonso y con doña Victoria Eugenia, y tú, tan displicente ante el mundo, sabías del rango secundón de tu casa, suplido con mucho traje de seda por la calle de los casinos y de los tratantes, que tú habrías de descubrirte, Guido, ante don Alfonso y ante doña Victoria Eugenia, pero que a ti, Guido, se te descubrían en la calle de los relojes y los sillones de mimbre, las velas que tanta sombra daban y las loteras en las esquinas de la Capillita, Capillita, Guido, de la que muy pronto ni vas a querer oír hablar.

Tú despreciabas a los Fernández y a los García del curso, sólo salvabas a Paco Fuentes, porque él se había doblegado a tu señorío entre sus primerizos versos ultraístas, y despreciabas mucho más las botas de piel de becerro y los pantalones de pana de los internos de Utrera, el chorizo que sacaban de las maletas debajo de la cama, toma, Guido, y tú se lo rechazabas, y sacabas la caja que tu madre te había traído aquella tarde, tartas de manzana, yemas de San Leandro, tortas de San Lorenzo, mantecados y polvorones si era ya el final del primer trimestre y se estaba acercando la

Navidad, te he traído ya cosas de Pascua, porque en casa ya las estamos tomando.

Ya te has puesto pantalón largo, ya te llaman «señorito», anticipo del señor que todos quieren que seas, porque ellos también han sido educados para que tengan muchos señores, tú arriba, ellos abajo, y más arriba que todos los Osuna y los Alba, y arriba don Alfonso y doña Victoria Eugenia, piensas, Guido, que es como el altar que ponían en el colegio, velas más altas, velas más bajas, unas más cerca de la Corona de la Virgen, otras más lejos, bajo tu manto sagrado mi madre aquí me dejó.

Al campo, te vas a dedicar, dicen, al campo. Te vas a dedicar a seguir vendiendo el campo, las acciones, las fincas que tenéis por donde todavía hay trozos de murallas en pie, corrales con muchas puertas sobre las que hay un número de azulejo, corrales que os dejó la abuela, de los que apenas si sabéis el nombre del casero que cada mes os trae las rentas a la calle San Vicente, y las goteras, tú ya te vas ocupando de esas cosas, un día se va a caer el corredor y se va a matar una criaturita, señorito Guido, convendría que fuera usted por allí para ver que no es mentira lo que le estoy diciendo, no, no es mentira, pero ya irá el administrador, no se preocupe usted, oiga usted, ¿sigue viviendo allí aquella señora que cose para Peyré y que tiene una hija única? A ella, Guido, a ella, como vas pensando, sí que le echabas un zócalo y le hacías un blanqueo, como acabarás echándoselo cuando un día el casero te diga que hace dos meses que deben la casa, y tú la esperes en la calle Francos, cuando ella venga con las prendas por coser debajo del brazo, y la acompañes Alcaicería arriba, y acaben las telas caquis de los capotes en el asiento de atrás de tu Hispano, que previsoramente tendrás aparcado en la Alfalfa, en el que saldréis para alguna venta, y de la que ella volverá con dos meses de casa pagados por delante, es un premio, mamá, me han dado un premio de costura, y la madre piensa que la hija, al final, terminará cosiendo sin hilo, en un discreto chalet de los que ahora han hecho para la Exposición, por allí por la Ciudad Jardín, por Nervión, por los Hotelitos del Guadalquivir.

El general había traído el orden, Guido, vuestro orden, como las velas del altar del colegio, y estabas en el lugar que siempre habían pensado para ti, qué buenaventura más graciosa te echó la buñolera en la fiesta flamenca de Dueñas, tienes escrito en la palma de la mano que eres marqués, pero no hace falta que el destino de un Divé te lo hubiera escrito con estos renglones torcidos, porque lo llevas escrito en la cara, y esa señorita tan preciosa que está con usted va a ser princesa de una tierra que está más para allá de los Puertos, te ha mandado a Gilbraltar la gitana, Tota...

SORDINA A SUS DESVARÍOS

1931

—No, si ahora va a resultar que la República ha venido por culpa de la Exposición...

—Pues si no ha sido por su culpa, cerca le ha andado... Había mucha hambre, Guido. Y del hambre le echaban la culpa al Rey y a Berenguer, pero tenía la culpa la Exposición. Es lo que yo digo: si a todos los que vinieron para hacer la Exposición, una vez terminada, los hubieran vuelto a los pueblos, esto podría haberse arreglado...

—¿Y los masonazos del sombrero que estaban en el balcón cuando ponían la bandera, cómo iban a querer que se arreglara? No le des más vueltas: si no hubiera habido lo de Jaca, lo habrían inventado, el pueblo busca héroes... Si tienen ya a Galán y García Hernández hasta en las estampas, ni que fuera santa Teresa... Dicen que venden unas estampas de los dos, con unos puntitos, que se quedan embobados mirándolos, y luego se fijan en la pared y ven allí, vamos, como si se les apareciera la Virgen de Lourdes, que se les aparece en la pared Galán y García Hernández...

Desde el Club veían la República como algo que tendría que pasar. Habían leído el manifiesto de don Alfonso allí mismo, una mañana, que Guido había dejado de frecuentar el Círculo y los corros de los tratantes, y prefería ahora echar las horas en el ámbito más restringido del Club, donde oía hablar a sus admirados aviadores. Habían leído el manifiesto de don Alfonso: *«No renuncio a ninguno de mis derechos, porque más que míos son depósito acumulado por la Historia, de cuya custodia ha de pedirme un día cuenta rigurosa...*

Alguien, al ver la firma del Rey en la primera página del periódico, bajo las grandes letras negras de tragedia, «Al país», había derramado una lágrima. Y entre todos había surgido el convencimiento de que tenían que unirse. Prendió, como nunca lo había hecho antes en su vida, la llama de la política en Guido, que no olvidaba la escena de la proclamación del nuevo régimen, al que ya odiaba mucho antes de las elecciones, día en que fue interventor de la mesa que habían instalado en el apeadero del Alcázar, donde besó el anillo del cardenal Ilundain, que, como un ciudadano más, aguardaba en la cola, sobre las losas de Tarifa de las aceras de aquel patio que lo había visto llegar de niño, entre niñeras y pelotas de bazares ingleses.

Comprendió Guido la fogosidad de las ideas políticas ajenas al verse en el Club espoleado en las convicciones propias, altavoz entre sillones donde, dados a motes y chascarrillos, sus amigos hacían continuas burlas de su observación:

—Guido, cuéntale a éste lo de las gorras y los sombreros...

—Vosotros reíros, pero cuando los masones del sombrero no puedan tener en cintura a los de las gorras, y los tengamos ahí, apedreando los cristales y queriendo cortarnos el pescuezo, tú verás si os vais a reír...

—Guido, pero entonces dirás que te monte en la avioneta...

—Tú sigue con las bromas, que esto no puede conducirnos a nada bueno...

—Sobre todo a ti, te veo vendiendo el corral donde tienes esa rosita de pitiminí que te alegra el entripado que te traes. ¿Qué te ha hecho a ti Fernández de la Bandera, si es muy buen médico?

—Hasta los municipales se han hecho republicanos...

—¿Y qué se van a hacer, como nosotros?

—Es que a nosotros no nos colocó en el Ayuntamiento Perico Borbolla...

—Pues sería a los únicos, porque colocó a toda su familia, y cuando hubo colocado a toda su familia, se lió a meter municipales...

—Sí, tú te ríes, pero toda esa gente que medía la calle dando barzones y esperando a que Perico llegara a la Peña Liberal para que les diera una tarjeta de recomendación y se colocaran en el Ayuntamiento, ahora se han hecho republicanos de la noche a la mañana...

—Hombre, con el paro que hay, lo que falta es que mandaran a los albañiles a todos los que colocó Perico... Y éstos, ese Egocheaga o como se llame, ¿no está colocando a nadie?

—Sí, pero eso es la Bolsa de Trabajo...

—Lo mismo que lo de Perico, pero con otro nombre. A ver, lo que tenía Perico en la Peña Liberal, ¿qué era sino la Bolsa de Trabajo? Eso es trabajo, Guido, y no el tuyo, que no la has doblado en tu vida...

—Vamos, como que tú estás todo el día descargando

barcos de cemento en el muelle... Niño, di que llenen aquí, y llama al betunero...

Conforme iban en aquellos días comentando en el Club el nuevo rumbo que la ciudad iba tomando, Guido se iba afirmando en su idea monárquica, contagiado por los fervores de la tertulia. Llegaba uno con el periódico en la mano:

—Lo que faltaba. El cardenal fue ayer a visitar en su casa a ese masonazo de Martínez Barrio...

—¿El cardenal?

—Ilundain en persona. Éstos siempre igual, haciendo cola para votar y ahora haciendo cola para darles golpecitos en la espalda. Éstos, con don Alfonso, con los masones y con lo que les echen... Por eso tenemos que unirnos...

—Pero es la jerarquía, habrá tenido sus razones...

—No sé qué razones. Mira aquí la foto del coche, que ni siquiera pudo entrar en la calle Lirio, y ahí me tienes a Su Eminencia, con las medias coloradas sobre los adoquines, que se doblaría un tobillo, porque éste no está acostumbrado más que a las alfombras de palacio...

—¿Lo de la calle Lirio no era una logia masónica?

—No, es la casa de este don Diego del matadero...

—A quien seguramente también colocaría en el matadero Perico Borbolla...

—Seguramente...

Guido iba viendo cómo entró la furia contra las coronas. Los soldados se quitaban con una lima la corona en el metal del cinturón. Hasta quisieron quitar la corona que había en la espadaña de la Magdalena. Ellos, por cubrir las apariencias, mandaron hacer nueva papelería para las escribanías del Club, y mandaron quitar en los membretes la corona y el título de «Real», aunque cuando iba Guido a escribir alguna nota podía encontrarse los dos recados, los antiguos, «Real Club», y los nuevos...

—Vamos a ver —dijeron otro día en la tertulia mañanera, la caída del imperio romano en la vaciedad de una frase—, Guido, que tenemos aquí una polémica. A los pavos reales, ¿cómo hay que llamarlos ahora? ¿Pavos republicanos? Porque como los pobrecitos míos sigan en el estanque del Parque y se dé la gente cuenta que son pavos reales, pavos de don Alfonso, ésos acaban en algún puchero...

—Yo los llamaría pavos de don Diego, que para eso lo han hecho ministro de Comunicaciones, aunque yo no sé qué va a comunicar, con lo bruto que es... ¿No hay una planta que le dicen don Diego de noche? Pues que éstos sean pavos de don Diego, y todos contentos...

Entre bromas y cañas y llamadas al betunero y envíos del botones con cartas cerradas a la calle San Vicente, a pisos nuevos de por la Magdalena, a algún escritorio de Triana, iban pasando para Guido aquellos extraños días, firme en la idea de clase.

—La clase trabajadora, la clase trabajadora... Como si los demás no trabajáramos...

—Guido, tú no doblas mucho el espinazo que digamos...

—Bueno, pues nosotros tenemos mucho más claro que ellos que somos una clase. Ellos son una clase desde ayer por la mañana, en la Plaza Nueva cuando ponían la bandera colorada se dieron cuenta que eran una clase. Y nosotros, no lo tenemos claro ni nada...

Allí surgió el encargo que le hicieron, que se ocupara

como enlace de los asuntos de la Federación de Estudiantes Católicos. La broma, porque parecía una broma, fue muy celebrada:

—Así que más pintiparado no te puede venir, Guido. Tú que casi ni eres católico, que vas a misa como quien va a tomarse un vermut al American Bar, y que no has sido en tu vida estudiante, porque te han expulsado de los mejores colegios, resulta que vas a ser el enlace con los estudiantes católicos... Lo que hay que ver...

—¿Y te parece poco lo que estamos viendo en la calle?

Entre los nombres que le dieron para establecer los contactos estaba el de Paco Fuentes. No lo veía desde hacía unos meses, cuando ambos se habían licenciado juntos como soldados de cuota en el Tercero Ligero de Artillería, breve paso por el cuartel con instrucción aprendida en una academia que apenas les sirvió para lucir el uniforme en los casinos, aquel ajustado uniforme hecho por un sastre con el que siempre quedará Guido eternamente joven sonriendo desde un marco de plata en la peinadora de la señora marquesa, las dos bombas doradas en las solapas y la gorra de plato.

Comenzó Guido a frecuentar la Universidad, corros de los patios, y se valió de Paco Fuentes y sus amigos para establecer contactos con los de Derecho, con los de Filosofía.

—¿Y Medicina, no tenemos a nadie en Medicina?

Medicina era el problema que no pudo resolver. Los de la FUE eran allí los más fuertes, y Guido se acordó de viejas historias escuchadas en el colegio a los jesuitas:

—Es que diseccionan los cadáveres, y al no encontrar el alma como encuentran el hígado o los pulmones, esos hombres, cegados por la falsa suficiencia de sus conocimientos, se atreven a negar la existencia de Dios y la vida sobrenatural...

En los bares y tabernas cercanos a la Universidad, no lejos del viejo colegio, transmitía Guido las consignas que había recibido, aprendiendo vanamente el oficio de conspirador, cuya inutilidad no ocultaba:

—La República no la vamos a derribar, pero la puñeta a los de Medicina sí que les vamos a hacer. ¿Cómo se llama ese comunista alto de Medicina, Osuna?

—Sí, Pepe Osuna, es un tío bragado... Fue uno de los que hablaron el Primero de Mayo, el que dijo lo de que había que disolver la Guardia Civil y hacernos una República Soviética...

—Pues no queda tiempo para eso... Ese niño no sabe que aquí mientras el cardenal siga felicitando a los nuevos ministros, por fortuna no va a cambiar nada... Tienen otra bandera, pero todavía falta mucho para que dé la vuelta la tortilla...

—Pero la tortilla, ¿no ha dado ya la vuelta?

—Mira, Fuentes, esto lo veo yo muy claro...

Y surgía otra vez, sobre el velador de mármol, cerrado el grupo de cabezas sobre las gaseosas y los cafés, para que no pudiera enterarse el montañés que de vez en cuando se les acercaba; y surgía otra vez la genial filosofía cazurra del mejor Guido:

—Mira, Fuentes, esto es muy sencillo. Esto ha cambiado más de lo que nosotros quisiéramos, pero menos de lo que ellos quisieran. Aquí el único que está contento es Martínez Barrio, y La Bandera, y Casas... Ésos lo que querían es que se quitara tío Antonio Halcón para que se pusieran ellos. Y ya se han puesto, y ahora lo que quieren es durar más que un martillo en manteca... La Iglesia ahora va a felicitarlos, pero verás tú qué pronto los va a dejar de felicitar...

—No entiendo esto último, Guido...

—Pues pronto lo vas a entender. Así que ya sabéis, si ellos dicen que se entre en clase, no hay que entrar; y si ellos dicen que no se entre, se entra...

—La cuestión es no parar, Guido, danos esa consigna, que la cuestión es no parar, esa frase te sale mejor.

—Bueno, pues lo que dice aquí el amigo...

—García del Campo...

—Pues lo que dice García del Campo. La cuestión es no parar...

NO POR AQUELLA inquietud política que de golpe le entró dejó Guido su agitada vida nocturna, y más de un día sacaba a Paco Fuentes de sus libros y sus poemas. Setefilla lo llamaba al cuarto:

—Señorito Paco, que está ahí don Guido y pregunta por usted...

Le llevaba papeles para pasar a máquina, aquella máquina que Paco Fuentes se había comprado en la tienda que habían puesto en los bajos, donde el abuelo, antes de morirse, tenía las piezas de patén y los capotes de agua.

—Tu máquina no la conocen, tú no estás significado...

—Pero como siga escribiéndote cosas, me voy a significar...

Y recordaba Paco Fuentes las palabras de su madre, entre llantos, cuando el padre, en la cena, comentaba el ambiente que se empezaba a respirar en la oficina:

—Tú no te signifiques... Hijo, y tú tampoco te signifiques. Si ellos quieren hacer huelgas, que las hagan, pero tú no te signifiques, y ten mucho cuidado con Guido, que él, como tiene la vida resuelta, no tiene que estudiar... Tú a tus exámenes, a tus libros, hijo, no te vayas a significar...

A Guido le dio nuevas ínfulas el desarrollo de los acontecimientos en los primeros días. Las proclamaciones del bando de guerra, días después tan sólo de ponerse la bandera colorada en el balcón del Ayuntamiento, le hacía rizar rizos en sus juegos de palabras:

—No, si los del balcón era gente de orden. ¿Cómo no iban a serlo, si aunque se hayan cambiado de chaleco, porque éstos se cambian de chaleco, no de camisa, los ha colocado a todos Perico Borbolla? Paco, esto es cuestión de colocaciones. Antes colocaba don Pedro y ahora coloca don Diego... Mientras que en España la política sólo sirva para colocar a los parientes y a los amigos, de nada valdrá que don Alfonso se haya ido y que hayan traído la República...

—Eso es nepotismo...

—¿Nepotismo, qué es, como el ultraísmo?

—No, no sabes nada, a ver si das menos consignas y lees algo algún día...

—Ya leo tus poemas, ¿cómo era aquel del ventilador y la paloma, el que publicaste en *Mediodía*?

—Leches es lo que era, Guido... Que te estoy diciendo que el mal que quieres denunciar se llama nepotismo, colocar a los parientes...

—Pues a ver si digo que en una hojilla pongan lo del nepotismo...

—¿Quién las escribe, Guido?

—Yo... ¿Quién va a escribir estas hojas tan bien escritas?

—Sí... Esta letra no es tuya. Además, que nada más que pondría lo de las gorras y los sombreros. Tienes una idea cada mil años, pero bien que te encargas de repetirla... Me ha gustado el chiste, que tú escribes estas cosas... Ahora cuéntame uno del Bizco Pardal...

—Pues iba el Bizco Pardal con Joselito el Gallo...

Se alegraba Paco Fuentes de aquella alegría de Guido, no ensombrecida por nada de cuanto empezaba a ocurrir y que a él lo tenía preocupado. Porque igual que por el patio de la Universidad llegaba él, un señorito que hacía de enlace de los monárquicos alfonsinos con los estudiantes católicos, también llegaban obreros, nunca había visto a un obrero en el patio de la Universidad, y los veía andar por el patio de atrás con los de la FUE, con Osuna, con Díaz Ferrera, un médico que ya había terminado, pero que iba muchos días a esperar que salieran de clase los de Ciencias, y los de Filosofía, y se los llevaba como hacia Santa Catalina, no sabía si vivía por allí e iban a su casa, o si tenían algún local de la sociedad de panaderos o del gremio de bebidas donde se reunieran.

Seguían, aunque más espaciadamente, yendo por las ventas, en aquella primavera que no había podido con el rito de la Feria, bajo cuyas banderas republicanas no se atrevió Guido a sacar los coches de su casa, como hacían todos los años. Paco Fuentes se lo comentó cuando se hablaba en las vísperas:

—Lo vuestro va a ser la huelga más graciosa que se ha visto hasta ahora en España, una huelga de caballistas y de coches de caballos...

—Es que como me dijeran algo les echaba el caballo encima, Paco, y yo me conozco, y por eso no voy a montar...

—Sí, Guido, tú siempre con tus estampas históricas. Te crees tú que vas a ser como los garrochistas de Bailén...

—¿El qué?

—Déjalo, es una cosa que viene en los libros, y a ti

te pasa como a aquel gitano que vimos en El Charco la Pava, que te da miedo lo negro...

—Por eso me gustan los trajes blancos...

—Sí, tú ve por ahí desafiando con tus trajes blancos, que un día de éstos te los van a llenar de mierda...

Seguían yendo por las ventas, y aunque solían volver antes que cuando la Exposición, no por eso dejaba Guido de beber sin tino:

—Un día vas a matar a alguien con el coche, Guido, ¿por qué no llamamos a un taxi?

—Tú déjame a mí, que yo me entiendo...

Había empezado Guido a notar un cambio de actitud cuando pronunciaban la palabra «señorito». Ya no se la decían servilmente, lo que usted quiera, señorito, ¿le traigo otra media botellita, señorito? Empezaban a tirarles a la cara la palabra, y Paco Fuentes se indignaba:

—Hombre, como si yo fuera un señorito que me estuviera todo el día rascando la barriga...

—Pero aquí eres un señorito, no se te olvide, Paco, aquí, ni versos, ni leches, aquí eres el amigo de Guido Flores...

Para evitar lejanías y oscuridades, procuraban en las escapadas nocturnas no salir del centro. Durante unas semanas eligieron La Vinícola, frente al cuartel donde veían el relevo de la guardia cuando las tardes de vacaciones colegiales iban los jueves a merendar en el palacio de la calle San Vicente. Salían una de aquellas mañanas de La Vinícola con la manzanilla en el paladar y el cante en los oídos, cuando vieron que en La Campana había unos obreros con unos carros de mano cerrados, como los que usaban los basureros, echando paletadas de arena en el suelo. Viéndolos, Guido se acercó a uno de ellos, las manos en el bolsillo, el traje blanco arrugado y el amanecer llegando sobre tejados y azoteas, y se puso a decirle al basurero:

—¿Qué, amigo, que acaban de pasar las cofradías y estamos echando tierra en el suelo para que no se resbalen los caballos?

—Es para que no se resbalen los caballos, señorito, pero los de la Guardia de Asalto...

Todavía había dicho «señorito» sin aires de insulto, o así lo escucharon ellos en los vapores de La Gitana o Los 48, las manzanillas de Sanlúcar que solían descorchar sobre las cañeras en los reservados de La Vinícola.

Y para Guido parecía que no había pasado el tiempo, y cuando se alejaban ya, que el barrendero no podía oírlos, se puso a mascullar entre dientes:

—Echa arena, so cabrón, echa arena, que la arena es para que los de Asalto les peguen vergajazos a otros que son igual de mierdas que tú... No, si aquí va a resultar que el capitán general tiene dos cojones; Paco, esto está muy bien, arena para que no se resbalen los caballos. Vamos, que yo llamaba al brigada Rafael para que les tocara Los Campanilleros a los pedazos de ciezos, han derribado la Monarquía, ya, ¿no? ¿Pues qué más quieren derribar? Picos y palas es lo que hace falta aquí, Paco, picos y palas. Como dicen en el Club, que están parados, que no tienen trabajo, ¿no? Pues que les dé de comer la República. ¿No querían República? Pues que coman República los hijoputas. Y tú, cabrón, a echar arena, venga, ahí, con los cuernos, déjamelo todo esto de arena como la plaza de los toros...

—Chiquillo, cállate, que te va a oír el tío...

—¿Pero es mentira lo que estoy diciendo?

Y se iban a dormir, y al despertarse, ya mediodía,

se enteraban de las cargas que había dado la Guardia de Asalto contra los manifestantes, y que habían roto lunas de escaparates, y que habían asaltado armerías, y que había habido detenciones y heridos. Por respeto a su madre, Paco Fuentes se quedaba en su casa aquellos días:

—Hijo, me parece muy bien que hoy no vayas a la Universidad. Y Dios quiera que no aparezca por aquí ese Guido, que el día menos pensado te va a meter en un lío, me han dicho que los señoritos llevan ya pistola, como los pistoleros del muelle, hijo mío, ten mucho cuidado...

—Pero yo no soy un señorito, madre...

—Tú no serás un señorito, pero andas con ellos, y eso es lo malo, que ellos viven de las rentas y nosotros tenemos más que perder que ellos, tú tienes tu carrera y tienes que ser un buen notario. ¿Por qué no vas un día a hablar en la calle Jesús del Gran Poder con don Blas Infante, que yo soy muy amiga de su mujer, viene algunas tardes por la catequesis? Notario tenías que ser tú, Paco, y dejarte de políticas...

—Pues ese don Blas siempre ha estado metido en política...

—Eso no es política, Paco, eso es caridad, me lo ha dicho a mí su mujer... Don Blas es una persona de orden, tiene sus ideas, como las tienes tú, pero es una persona de orden...

—Pues Guido me ha dicho que anda con Vallina, y con los anarquistas...

—Eso es que tiene malas compañías, yo lo sé, le pasa al pobre como a ti, las malas compañías son las que pierden a los hombres, Paquito...

OYÓ POR LA RADIO Paco Fuentes las palabras del gobernador: «Los lamentables sucesos de Madrid se deben a los asalariados de la Monarquía, que se empeñan en manchar a la República...» Se había ya cortado la voz del locutor, el padre siempre le gastaba bromas a la madre a costa del nombre del locutor:

—Ése es de los tuyos. Se llama Bendito, y le dicen Bendito y Alabado...

—Qué mala es la gente...

Llegó la madre, traía en la mano un periódico, cosa que le extrañó, y lo dejó, junto con el velo, el rosario y el libro de devociones, sobre la mesa, mientras se iba quitando alfileres de cabeza negra, y al ver todo aquello sobre la mesa, el periódico de derechas, el rosario, el velo, pensó Paco Fuentes fugazmente si en el fondo no estaba defendiendo aquello en lo que ya empezaba a no creer, él no podía estar con los poetas del Nacional y con las Damas del Ropero, y Guido no estaba con los poetas del Nacional, sino con las Damas del Ropero. Llegó la madre, nervios, jaculatorias, taconeos sobre las baldosas hacia la cocina:

—Paquito, en Madrid están quemando conventos, y aquí se respira muy mal ambiente. Han llamado de Santa Inés a casa de una amiga, por si quieren que dos madres duerman allí esta noche...

—No será para tanto, ésas son las cosas de las beatas, y tú te crees todo lo que ellas te dicen. Igual que dices que Guido no tiene nada que hacer, y por eso se mete en política, lo mismo les pasa a ellas, madre, que tampoco tienen nada que hacer y no hacen más que buscar demonios con rabo donde no los hay...

Siguió estudiando, que le repugnaba la calle en tales circunstancias; era una cuestión estética, como un verso de algún amigo sobre un velador del Nacional, pero le ponían nervioso aquellas caras, aquellos grupos, sus gritos. Estuvo la radio encendida mucho después que terminaron de cenar, y se acostó, con un libro en la almohada. Pero al poco rato lo despertó su madre. A él le pareció poco rato, pero miró el reloj de pulsera, sobre la mesilla junto al verdón de agua y el vaso con lunares, y vio que era ya de madrugada. Era la madre:

—Paquito, despierta... Están quemando tu colegio, la ciudad arde por los cuatro costados. He subido a la azotea y se ve el humo, y los vecinos me han dicho que es Villasís...

—¿Y tengo yo que ir a apagarlo? Que llamen a los bomberos, no a los antiguos alumnos...

—Hijo, hay que ver cómo eres... Un día como hoy, y tú, durmiendo...

—¿Tú no dices que no me signifique?

—Sí, hijo, pero deberías ir a ver qué pasa...

—A ver qué pasa no. A que te lo cuente. Lo que tú quisieras es ir tú y verlo con tus ojos... Anda, iré...

La calle, a aquella hora, le hizo recordar la madrugada de Semana Santa, cuando por vez primera le dieron la llave del portal y la ciudad se le apareció en la belleza de la oscuridad, largas filas de cirios, a lo lejos los tambores, el griterío de la gente de Triana, la tez de bronce de los gitanos, ya al amanecer del día. Era como una madrugada, pero de desconcierto... Portales cerrados, cierres de las tiendas más atrancados que de costumbre; le pareció oír la campana de los bomberos, y por El Salvador, cuando bajaba por la Cuesta del Rosario, vio pasar a toda velocidad una camioneta abierta de los Guardias de Asalto, camioneta que siempre le hacía pensar en la jardinera con cortinillas y fresco de los tranvías, cuando en las noches de verano, aún niño, sus padres lo llevaban a dar la vuelta a la redonda hasta que se quedaba dormido y en brazos lo tenían que traer desde la parada a la casa.

Mediada ya la calle Cuna, camino del colegio, vio que otros grupos se dirigían hacia allá. No eran lo que Guido llamaba «la chusma», despectivamente, desde el sillón del Club. Eran curiosos como él, que habían oído las novedades de la larga noche de mayo, las noticias de la radio, lo que se decía, que los señoritos monárquicos habían matado a un chófer en Madrid, y que iban a proclamar la República Soviética...

Le había extrañado, al pasar por el Salvador, ver que unos hombres sacaban gasolina del depósito de un taxi, con una goma y una lata. Pero vio luego a otros como a ellos, cuando llegó al final de la calle y vio el humo salir del viejo, señorial, palaciego colegio. Unos hombres con unas latas corrían hacia la Encarnación, hacia donde Osuna y Díaz Ferrera se iban con los de la FUE cuando llegaban en las mañanas a los corros del patio. Escuchó todavía gritar a los de las latas:

—Al Buen Suceso, al Buen Suceso...

Y detrás fueron muchos de los curiosos corriendo. Pero a Paco Fuentes le interesaba volver al colegio, al viejo colegio de los confesionarios de los primeros pecados, del albero del segundo patio, donde sudorosos jugaban a la pelota. Se abrió paso entre los que estaban en la acera, y tuvo una frase que le salió del alma cuando le respondieron a un empujón que dio:

—Tranquilo, niño, tranquilo, que esto no es ninguna cofradía que vaya a pasar...

Al acercarse, vio derribadas y ennegrecidas por el humo las puertas. También había humo, de llamas ya apagadas, en el vestíbulo, agua por el suelo. Iba a entrar, y olió a quemado, y de la azotea caían briznas de papeles ardiendo empujadas por el viento. Oyó:

—Los bomberos se han tenido que ir, no los han dejado actuar...

Entró, la cancela estaba abierta. Inexplicablemente, no había nadie. Pasó al primer patio, y entró a la sala de visitas, donde el rector le había preguntado a su padre cuál era su gracia. No pudo seguir adelante, cuando vio apilados y quemados los sillones de damasco, por el suelo el dorado de los marcos de los cuadros de honor, rotos los cristales. Pensó en su madre, y pensó en el crucifijo de la mesa del rector, e iba a pasar cuando alguien, con una pistola, no lo pudo distinguir bien, pero llevaba una pistola, y no era un hombre del muelle, ni un albañil. Era alguien bien trajeado, y salió como de dentro del colegio, y le entró tanto miedo que no se paró siquiera a ver su cara. Lo habría de recordar mucho más tarde, cuando le hablaron de aquella noche de mayo que en su recuerdo todavía huele a quemado, y suena a campanas de los coches de los bomberos, y a sirenas de las camionetas de Asalto.

Vio brillar la pistola, que estaba la luz apagada, y sólo entraba la claridad del patio. No sabía de dónde había salido:

—Fuentes, será mejor que te vayas...

No se dio cuenta de nada. Y menos cuando, ya en la calle, vio que los Guardias de Asalto llegaban, y que cargaban contra los curiosos de la calle Cuna, de la esquina de Orfila, y que tras las camionetas de Asalto llegaban los bomberos. Se echó a correr, de vuelta a su casa, y ni siquiera vio que llevaba chaqueta y pantalón llenos de tizne. No reparaba ya en nada de ello, ni en las tercerolas de los de Asalto, que en otro grupo iban corriendo hacia el colegio, cuando ya estaba cerca del Salvador, a dos pasos de su casa.

Pero de pronto cayó en la cuenta de que aquel hombre que salió de detrás de los sillones quemados en la sala de visitas del colegio le había llamado por su nombre, que no era nadie del muelle, y que lo conocía:

—Fuentes, será mejor que te vayas...

A LA MAÑANA, mientras le traía de la cocina el tazón de café que empezó a migar con pan, la madre le contó lo que por la noche había sucedido, después que le contara cuanto vio en el colegio, después que callara el encuentro con aquel muchacho, ¿qué edad tendría?, ¿cómo era su cara?, que le reconoció en la destruida sala de visitas. Del colegio se habían ido al Buen Suceso, y había ardido todo aquello, y luego fueron a la capillita de San José.

—Paquito, y han abierto con una palanqueta el Sagrario. ¡Qué profanación!...

—¿Y los bomberos? En el colegio estaban los bomberos...

—Pues en la capillita no los han dejado actuar. Llegaron, pero se tuvieron que ir a la Plaza Nueva. Una amiga mía que vive allí cerca, en la calle Manteros, llamó al Gobierno. ¿Y sabes qué le dijeron?

—No, madre...

—Pues le dijeron: esté usted tranquila, señora, que cuando las llamas lleguen a su casa ya le mandaremos a los bomberos...

Terminó de desayunar, se vistió y se echó a la calle:

—¿Dónde vas, hijo?

—Voy al Buen Suceso, y a la capillita...

—Ten cuidado, hijo, que todavía hay muchos grupos por la calle, y que ha dicho la radio que van a declarar el estado de guerra, menos mal que los militares son los únicos que saben estar en su sitio...

—Pues yo voy a verlo todo, esto es histórico, madre...

Iba a ir para el Buen Suceso, pero le asqueó todo aquello, que aún se acordaba de la pistola que vio relumbrar en Villasís. Había en la calle aire como de fiesta, e igual que al salir por la noche se había acordado de la madrugada de las cofradías, ahora se acordaba de la mañana del Viernes Santo, cuando se veían macilentas y de cera las caras de no dormir, las bocas calientes por el aguardiente y los calentitos de la amanecida. La ciudad toda era como una resaca de la madrugada de hogueras. Sin saber por qué, pensando estas cosas, en vez de tirar para la capillita o para el Buen Suceso, tiró para la parada de los tranvías de Triana. Estuvo un momento, absorto, mirando los angelotes de mármol y la corona de laurel de la fuente, subió a la plataforma, escuchó las conversaciones que le llegaban:

—Pues a mí me han dicho que han sido los señoritos. Que el Buen Suceso sí, que el Buen Suceso sí lo han quemado de verdad. Pero que la capillita y que los Jesuitas lo han quemado los señoritos, para echarle la culpa a los trabajadores. Que han visto a muchos de ellos delante de la gente, y que en la capillita, el que arrimaba más latas de gasolina era uno que tenía un traje blanco, que sacaba las latas de un coche que paró en la esquina...

Pensó en Guido, pensó en los damascos quemados de la sala de visitas, recordó las palabras del rector, ¿seguían siendo los dirigentes, ahora los dirigentes de «la chusma», como la llamaba Guido? Veía a Guido con las latas de gasolina y veía al hombre que lo llamó por su nombre en el colegio, que parecía conocerse casi tan bien como él patios y corredores. Había dejado de oír las conversaciones del tranvía, y el cobrador los mandaba bajar:

—Que no seguimos, que nos quedamos aquí...

—¿Qué pasa?

—Que van a echar el bando y ha dicho el inspector que no nos movamos de aquí...

Bajó del tranvía por la puerta de atrás, ya vacía la plataforma. Por la calle Reyes Católicos avanzaba un grupo de muchachos, carreras, gorras, pelos renegridos y alborotados de la madrugada, caras blancas y con ojeras, gargantas roncas con gritos que no supo entender.

Uno de ellos, a hombros, llevaba una escultura. Le pareció un san José, un Corazón de Jesús... No la supo distinguir.

Una vieja se lo aclaró:

—¡Qué barbaridad, señorito, dicen que ese santo lo han sacado de la capillita de San José!...

Cuando llegó a su casa, su madre le dijo que la radio acababa de anunciar que, otra vez más, habían proclamado el estado de guerra. Llamó a Guido, pero le dijeron que el señorito no había dormido en casa.

—¿Quiere usted que le dé alguna razón?

—No, ya lo veré yo luego...

HUELE A MADERA QUEMADA en tu memoria, Guido, a panes de oro que se iban desprendiendo con las llamas, otra voluta más sobre las hojas de acanto del barroco de la tierra de la que aún te crees dueño y soberano, tú, soldado de cuota de un Rey que va a irse en un barco porque no sea derramada sangre de españoles, que español, Guido, al contrario de lo que crees, no sólo eres tú, que las mocitas de los corrales también son españolas, y los hombres del muelle, aunque ellos no hayan sido soldados de lujo, artilleritos de porcelana y jade, como vosotros, de Maestranza a Maestranza, de la Real Maestranza de Caballería, alto palco en las tardes de corrida para ti y los tuyos, el criado con la librea y la bandeja de limonadas cuando arrastran al tercero, de la Real Maestranza de Caballería, Guido, a la Maestranza de Artillería, que era el nombre del cuartel donde apenas fuiste para jurar bandera, para aquella única guardia a la que todos los amigos del Club fueron a verte, Guido, ¿te has equivocado de Maestranza?, que la nuestra está más arriba, y que ése no es el uniforme que te pusiste para la boda de tu prima, señora, párese usted, que esto es digno de ver, ¿ha visto usted un soldado con menos hechuras de soldado en toda su vida, a que no, señora?, yo, sí, señorito, yo soy de aquí del barrio y estoy harta de ver soldados de cuota, yo vi hasta a Juan Belmonte de soldado de cuota, que venía la gente como si fuera a torear, pero nada más que estaba de soldado, si yo, que soy del barrio, señorito, de aquí del Postigo del Carbón, habré visto soldados de cuota, que todos parecen infantitos, infantes de España parecéis, no como un sobrino mío, que estuvo en África el pobrecito, y lo malamente que lo pasó, oiga usted, qué malamente lo pasó y qué malito vino, con calenturas...

Has sido, Guido, soldado de cuota, dices que estás llevando el campo, pero no llevas nada, sino la secreta esperanza de que el tiempo detenido quede, y no vuelvan a mirarte de la forma que ahora te miran, Guido, en los amaneceres, cuando vuelves de las ventas, que ni a las ventas te atreves ya a salir, tienes sentados tus reales ahora en los reservados de La Vinícola, a todo lo más que te atreves es a llegarte hasta la Alameda, a La Sacristía, a descolgar la cañera de cien cañas de Las Siete Puertas. ¿Cómo tú, Guido, vas a organizar a los estudiantes católicos, si no eres estudiante y tu catolicismo se queda en la túnica de la Quinta Angustia planchada encima de la silla cada tarde de Jueves Santo, junto al vaso de leche y a las torrijas que te deja tu madre, ella, no los criados, tú a la Quinta Angustia cada Jueves Santo, y Paco Fuentes a Pasión, cada uno a lo vuestro, sois amigos, os emborrachéis juntos, juntos queréis salvar a España y hacer que vuelva don Alfonso, pero cada Jueves Santo se ve que, aunque ahora andéis juntos, cada uno tenéis reservado un papel en la gran comedia de la ciudad, en este pasillo cómico del Teatro del Duque que entre todos estáis convirtiendo en una tragedia, en un dramón del San Fernando, Guido. Tú con tu túnica morada, con los maestrantes, con los grandes de España, con los hidalgos, con los secun-

dones de casas grandes, con todos los apellidos que estaban en el catálogo de los cursos del colegio y que acabando fuisteis todos en Utrera, en los internados de los catetos. Tú allí, Guido, y Paco Fuentes en Pasión, con su túnica negra, con su escudo de la Merced al pecho, con los dependientes, con los empleados de los escritorios de la calle Francos, con los cesantes, con los funcionarios de modesto y honrado pasar, quizá con algún abogado, algún médico, el infante don Carlos no iba a la Quinta Angustia porque no le llamaba la atención, Guido, el infante don Carlos se hizo hermano de la cofradía de Paco Fuentes porque creía que aquello era el pueblo. Y no era el pueblo, Guido, y tú lo sabes, quieres creerte que Paco Fuentes es el pueblo, pero el pueblo queda más lejos, en esos barrios de donde vienen a quemar el Buen Suceso, por allí por donde aún no habéis vendido los dos heredados corrales de vecinos. Y tienen, Guido, otras cofradías, bullangueras, de capa blanca y capirote remangado en los amaneceres, cofradías de mostrador de taberna y de nazarenos borrachos, Guido, cofradías con la Caballería delante de la Cruz de Guía tocando Los Campanilleros, y con una banda de Salteras detrás del paso de la Virgen, Soleá dame la mano, y la gente se impresiona con vuestras señoriales, serias, moradas, negras cofradías del centro, que salen de al lado de vuestras propias casas, pero la gente, Guido, lo que de verdad comprende es al nazareno de los barrios, de San Gil, de San Julián, de San Benito, de San Jacinto, al nazareno con la novia al lado, hay un amigo de Paco Fuentes, Guido, que va por el Nacional, y que ha escrito en El Liberal que los nazarenos de los barrios tienen el carnet de la CNT debajo del antifaz, y vosotros, Guido, ¿qué tenéis debajo del antifaz, debajo del uniforme de soldados riquitos de cuota, como infantes artilleritos que sois?, qué guapos en la fotografía, sólo te faltaba el macetero y el hambre, Guido, sobre todo el hambre, y la angustia del barco que iba para África, sólo te faltaba nada más que eso, nada más que la tragedia de la tierra que dominar quieres y de los hombres que a ofender te atreves, para que hubieras sido un soldado de verdad de esa España que ahora no se te quita de la boca.

¿Cómo vas a organizar a los estudiantes católicos, Guido, si ya ves que casi ni eres católico, y que en el internado de Utrera dejaste de ser estudiante? Mira a Pepe Osuna, y sus gentes de la FUE. Ellos sí que les echan los cojones que a ti no se te caen de la boca, como la palabra España. Ellos sí que se echan a la calle, y sí que tiran las bancas por el balcón cuando les viene en gana. Y la estatua del Fundador, Guido, es de ellos, ¿cuándo vosotros os habéis subido a ella a poner vuestra bandera? A la estatua de maese Rodrigo de Santaella sólo se atreven a subir Pepe Osuna y los de la FUE, cuando vienen los de Medicina, y acaban cantando La Internacional, pero vosotros, Guido, ¿qué cantáis, sino entre nieblas de manzanilla del amanecer las coplas que pagáis por escuchar en La Vinícola?

Vas, Guido, con un traje blanco de seda, con tu pajarita, como un poeta del Nacional, y no sabes que eres el fin de una época, que tu tiempo ya ha pasado, y tendréis que pegar muchos tiros todavía para que vuelvas a poder subirte en marcha a este tranvía que ya habéis perdido. Desde la noche que ardió la capillita de San José, Guido, dejarás de ponerte los trajes blancos de seda, porque esto no es ya un veraneo en San Sebastián ni Perico Borbolla es ministro de la Corona. Os seguiréis reuniendo en vuestro Club, y al pasar por la calle de los casinos tu nombre seguirá siendo un título y un quitarse de sombreros, jipijapas y panamás, flexibles y mascotas. Pero dominar en la calle, esperar a las muchachas de los corrales cuando se vayan los novios, Guido, eso se os está acabando.

No les puede dar de comer la República, Guido, porque la República también sois vosotros. Pero vosotros ya habéis dejado de mandar. Ahora os tocaba a vosotros. Después de tío Antonio Halcón, tú de alcalde. Y a Paco Fuentes lo hubieras puesto en cualquier otro sitio, donde, entre risas, se os hubiera ocurrido en el Club. Pero no os toca, ya ha pasado el tranvía, Guido, y el siguiente tardará en llegar, como los que venían andando de madrugada de la Exposición, con los zapatos en la mano, como si fuera un Domingo de Ramos.

Esto va en serio, Guido, no es como vuestro juego de latas de gasolina y palabritas finas a la gente del muelle. Ya has escuchado más de una vez, cuando vas en el coche, las palabras que oír no quisieras, señorito de mierda, jódete, que ahora mandamos nosotros. Jódete, Guido, que ahora mandan ellos, aunque tú aún no te lo creas, Paco Fuentes sí se da mejor cuenta que tú, él le ha visto brillar los ojos de esperanza y de sed justiciera a Pepe Osuna cuando se sube a la estatua de maese Rodrigo de Santaella y les echa esos discursos tan vibrantes, Pepe Osuna es el señor, Guido, a quien ahora ellos quieren imitar, es más alto todavía que tú, y más guapo, y sabe hablarles a las mujeres sin ofenderlas.

No te das cuenta, Guido, no te dabas cuando aparcaste el Hispano junto a la capillita, pero han ganado ellos, los de Galán y García Hernández, los de Martínez Barrio, los de Fernández La Bandera, los de Her-

menegildo Casas, los del capitán Cuerda, aprende del cardenal, Ilundain fue a felicitarlos, porque estuvo en la cola que les dio el triunfo.

Aún, Guido, no has heredado el título de marqués, que el año de luto te cogerá con los finales de la guerra, pero cuando lo heredes ya te habrás convencido de que ahora les toca mandar a ellos. No sólo habéis perdido vuestro Rey, Guido, no sólo don Alfonso se ha ido desde Cartagena en un barco de guerra, como un cuplé de los que escuchas en el teatro, unas lágrimas, las claras del día y España, vuestra España, cada vez más lejos. No sólo, Guido, habéis perdido a vuestro Rey, sino que estáis perdiendo vuestra juventud, que queríais triunfante y dominadora, como si la Exposición hubiera durado cien años.

Serán lo que, como un chiste, que venga el betunero, quieras decir en el Club. Y quieres olvidar que mandan ellos. Empiezan, Guido, a mandar los que trabajan, no los que tienen el honor de que ni padres, ni abuelos, ni abuelos de los abuelos, se hayan empleado en oficios serviles, siempre en la posesión de la tierra que vais teniendo que vender, Guido, no sabéis ni siquiera pensar lo del arroz, como Rafaelito Beca, os habéis quedado en la piedra del escudo de vuestra casa de la calle San Vicente, en el gorrazo del criado al abrir la puerta, en las listas de los chalecos de los valets limpiando la plata, enfundando las lámparas.

Tienes que quitarte el traje de seda blanca, Guido, y al dejarlo sobre la silla no sabes que estás dejando la esperanza de que vosotros, ahora, fuerais los que siguieseis mandando.

Don Diego Martínez Barrio, Guido, en su vida se ha puesto un traje blanco de seda.

DE UNA MANERA ESPAÑOLA

1932

NO SE HABÍAN APAGADO las llamas del Buen Suceso y de la capillita de San José cuando recibió Guido en su casa de la calle San Vicente la discreta visita de amigos del Club:

—Guido, convendría que te quitaras de en medio una temporada... Se acerca el verano, ¿por qué no te vas al campo?

Así, sin despedirse de nadie, fue aquel largo verano de Guido en «Cortijo Herrera», voluntariamente alejado de todo, unido al mundo apenas por el aparato de radio, que se llevó junto a un escaso equipaje en el portamaletas del Hispano, y para el que mandó instalar en el caserío una antena, poniendo un palo en el torreón y otro junto a los mechinales del palomar, donde zureaban las colleras. Del pueblo le traían los periódicos, la correspondencia, las noticias. Cogía por las mañanas el caballo y se pasaba las horas muertas recorriendo lomas y regajos, encinares y huertas, sin que llegara a las lindes. Venían algunas veces a verlo los señoritos del pueblo, sabedores de su inquietud política, y, más que hablar, como pocas veces había hecho, escuchaba. Oyéndolos, se acordaba de sus antiguos compañeros del internado de Utrera, de cómo sus resabios urbanos le dejaban indefenso ante la cazurrería del pueblo, del campo. Era otro Guido, había engordado con la comida que le hacía la casera, a la que no podía pedirle más primores que los pollos, los huevos, los guisos...

Con aquellas visitas, con los paseos a caballo, con las breves estancias en el pueblo para llamar a su casa y quizá al Club desde el casino, con la escucha de la radio, con los periódicos, fue como un voluntario confinamiento que le sirvió para aborrecer el campo:

—El campo para las liebres —le decía a los amigos del Club cuando los llamaba desde el casino del pueblo—; ya estoy harto de estos ejercicios espirituales con escopeta; el día menos pensado me veis ahí otra vez, y salga el sol por Antequera...

Cogía, otras veces, la escopeta y los perros casi al alba, pero volvía siempre antes que estuviera el sol alto. Echaba de menos, más que nunca, las marismas, todo lo que vendieron en «Rincón de los Brujos», el ganado bravo, las potrancas corriendo por las cercas de aquel ruedo sin fronteras.

—Un campo que hay que subir y bajar no es campo —decía en el casino del pueblo, ante la veneración de los labradores enriquecidos por la ganadería—; esto, diréis lo que queráis, pero no es lo que yo entiendo por campo. Ni es sierra, ni es llano. Este campo, para las liebres; a mí dadme un campo con toros, que haya que embarcar corridas, que herrar, que tentar... Esto de las ovejas y los cochinos, diréis lo que queráis, pero para mí no es el campo...

—Entonces, Guido, el campo, ¿qué es para ti?

—El campo es dominar el mundo con una garrocha en la mano. Esto de por aquí arriba es para quien se sienta ganadero, como el que tiene un corral con una granja avícola. No sé qué tiene esto, pero yo, si no veo el horizonte cuando voy a caballo, me ahogo...

—Guido, pero aquí ves las sierras, los olivares como mares, las encinas...

—Las sierras, para los contrabandistas, y para los que pasan tabaco de Gibraltar. A mí dadme una marisma, y un caballo, y una garrocha para tentar hembras en campo... Allí abajo, cuando decimos «campo», queremos decir todo eso, no sé si me explico o no me explico...

Supo muy lejanamente Guido de cuanto iba sucediendo en la ciudad, que dejó pasar el verano, a ver si le daban contestaciones más tranquilizadoras cuando llamaba por teléfono. En el campo leyó, como si estuviera en alguno de ellos, lo que los periódicos decían sobre los mítines de la campaña de las Cortes Constituyentes, de sorpresa en sorpresa viendo los nombres de las candidaturas. Recibía de Paco Fuentes largas cartas, en las que le contaba que él también se había retirado de todo, y que los estudiantes católicos, desde que dejó de frecuentar la Universidad, estaban en franca decadencia. «Perdona —le decía en una de las cartas— que yo bromeara contigo cuando te decía que no eras ni estudiante ni católico, pero sabrás que los de la FUE campan aquí por sus respetos, y el clima se enrarece cada vez más, por lo que busco refugio en mis libros y en mis versos. Si vieras todo lo que he escrito... A lo mejor hasta te doy un sablazo cuando vengas, para buscarme una imprenta y editar un libro con todos estos poemas; le tengo buscado un título que te gustará, podría llamarse el libro *El ventilador y la llama;* pero sería largo de explicarte a qué responde ese título, y no creo que dadas las actuales circunstancias sea por carta como deba hacerlo.»

Cuando por fin se decidió a volver, lo hizo tal como se había ido, sin el menor preparativo. Se acercaba ya el mes de agosto, y pensó que estaría todo más tranquilo, que muchos de sus amigos se habrían ido a los baños, y que así evitaría tener que contestar algunas preguntas que, a su marcha, temía que hubieran quedado en el aire.

Fueron meses de tedio y aventura, a cencerros tapados. Al llegar se notó como extraño, y rehuía a la gente. Sólo encontró pasajera satisfacción en la buscada compañía de Carmela, la muchacha costurera del corral a quien tiempo atrás hubiera favorecido con el pago de los atrasos. Paco Fuentes sabía la historia, y en las pocas veces que se vieron en aquellos meses no podía renunciar a hacer el chiste que a Guido le gustaba escuchar:

—O sea, Guido, que tú ahí sí que empujas más que un mes de casa, como dice la gente...

—¿Qué dice la gente?

—Nada, es un dicho, lo que se refiere de: anda, que empujas más que un mes de casa...

No podían saberlo. Había alquilado un chalecito en Nervión para sus encuentros con Carmela:

—Me vas a tener que dejar en la calle Ancha de la Feria, porque le he dicho a mi madre que he ido al cine con unas amigas...

—Te llevo a tu casa...

—No, tú me dejas en la calle Ancha de la Feria, que a mi casa voy muy bien solita. Lo que me faltaba, llegar contigo nada más que a la esquina de la Cruz Verde, como si no te conociera nadie...

Nadie, salvo Paco Fuentes, sabía que existía aquel chalecito, ni que existía Carmela. En su casa decía que estaba en el Club, y en el Club decía que ahora le ocupaban más las cosas del campo:

—Guido, si no puede ser, si te has pasado dos meses pesando cochinos y eso no le puede sentar bien a nadie. ¿Quién lo ha visto, un Flores pesando cochinos, como si fuera un soriano?

—Un día es un día...

—Pero lo tuyo no han sido dos días, sino meses... ¿Sabes qué me ha dicho uno que ha llegado esta mañana de Madrid en el exprés?

Y seguían conversaciones sobre los debates de la Constitución, e impresiones sobre los cuartos de banderas, y leían recortes de prensa obrera u octavillas que alguien, muy doblado el papel, sacaba de la cartera, en la que volvía a quedar encerrada una estampa con el Corazón de Jesús y la vieja bandera monárquica de España.

IBAN PASANDO LOS MESES y ya había terminado la historia de Carmela. La tarde que iba a dejar el chalet llamó a Paco Fuentes, y lo llevó allí en el Hispano:

—¿Te interesan a ti estos muebles? Algún día tendrás que casarte...

—Hombre, Guido, no me gustaría casarme precisamente con los muebles de tu picadero...

—Pues son modernos, y me costaron un dineral...

Redondo cristal de floreros, geometría de madera negra y níquel, asientos de tubos de metal y respaldo de cuero, lámparas que no colgaban de la pared, sino que difundían una luz discreta desde las paredes.

—Ven, que en el dormitorio hay un bar...

Paco Fuentes no había visto nunca aquello. Se abría la puerta del mueble, todo de madera negra, y se encendía una luz entre espejos, espejos sobre los que se multiplicaban las copas y las botellas...

—Ven, ¿no has visto la nevera eléctrica del comedor?

Y como mueble principal la tenía allí Carmela, blanca y ruidosa.

—La de mi casa es de barras de nieve, pero el agua sabe a sal...

—Ésta es eléctrica. No, si cuando Guido pone un piso sabe cómo ponerlo... ¿Qué, me lo compras todo?

—No, a lo mejor la nevera eléctrica le gustaba a mi madre, que le gusta el agua fresquita...

—Tiene que ser el lote, Paco, ¿qué hago yo con el resto?

No cerraron el trato. Después supo Paco que Guido había malvendido el chalet con los muebles dentro, a un amigote del Club:

—Él dice que lo quiere como tapadera para la cosa política, se ha hecho de los carlistas, dicen que el Rey tiene que ser don Alfonso Carlos, ¿tú conoces a ese tío? Éste va mucho por casa de don Manuel Fal Conde, y es muy amigo de los Barrau, los dueños del teatro San Fernando... Qué propio esto, de todos los meapilas que vienen de los integristas, decir que quiere el chalet para las reuniones políticas... Reuniones políticas con la gramola y con el *A media luz los dos,* imagínate, Paco...

La venta del chalet supuso para Guido un fuerte revés, unido a la difícil situación económica que Paco sabía se atravesaba en aquella casa. Se le vio otra vez por las mañanas en casinos y círculos de tratantes, que seguían llenando la larga calle, por la que no parecía pasar ni el tiempo ni los cambios políticos.

No se dieron cuenta, pero aquel desfile que vieron desde detrás de las cristaleras del Club, con los visillos entornados, que todas las miradas estaban fijas en ellos, queriendo adivinar las caras de quienes se ocultaban, marcaba ya el primer aniversario de la República. Se les había ido el invierno en tertulias y amoríos, más corto el tiempo aún para Guido por la obligada estancia en «Cortijo Herrera», del que llegó para ver las huellas de la huelga general, Paco Fuentes de cicerone por las lejanas calles de los barrios, ante las ruinas de la bombardeada Casa Cornelio:

—Aquí se reunía el comité, y el general le dijo, si a las cinco de la tarde no ha terminado la huelga, bombardeo la taberna... Y a las cinco de la tarde sonaron los cañonazos...

—¿Tú los viste?

—No, yo estaba en mi casa, pero uno de ellos cayó cerca, en un tejado de la Plaza del Pan... Si vieras cómo rezaba y lloraba mi madre... Ni que hubiera caído en la mesa del comedor...

Y gustaba Guido de escuchar las historias de cuanto no había visto, que eran una estampa en la brillante descripción de Paco Fuentes:

—¿Cómo era lo de los reflectores?

—Nada, que pusieron reflectores del Ejército en la Giralda, y los focos iluminaban las azoteas... En mi barrio todos subimos a verlo, muchos se pasaron la noche arriba, con los colchones, escuchando de dónde sonaban los tiros, eso es por San Julián, no eso debe ser por la Macarena... Y nada más que se veían los reflectores, era precioso verlos iluminar las torres, las espadañas, las cúpulas, como un sol archivado, Guido...

—Ya estás tú con tu poesía... Pero ¿hubo leña o no hubo leña?

—Si la hubo, yo no me enteré... Aquí, en el Arco, pusieron una bandera colorada, y dicen que un letrero que le llamaba a esto la Plaza Roja, y que el letrero estuvo muchos días después de que bombardearan esto, porque ni los militares se atrevían a quitarlo...

—Ya lo quitarán los militares, Paco, ya lo quitarán...

Y le entraba miedo a Paco Fuentes ver a Guido con aquellos aires de conspirador romántico, por allí, por las mismas calles que meses antes habían sido escenario de la revolución que nunca triunfó.

—Pues tenías tú razón, Guido, te vas a salir con la tuya, y eso que ya va para el año que lo dijiste. Los masones, como tú dices, no van a poder con los de las gorras.

En la cena del piso de la calle Francos, ya con el balcón abierto a la primavera, ya las flores de azahar trasminando el dormitorio sobre el platito en la mesilla de noche de la madre, hablaron de lo que era la comidilla:

—Hijo, pues si estos señores se niegan a sacar las cofradías es mala señal... He ido a sacar la papeleta de sitio y me han dicho que este año no salimos, que los hermanos mayores se han negado...

—Esto es una huelga, padre. Una huelga de cofradías, pero una huelga...

—Mal está que hayan quitado los crucifijos de las escuelas, pero peor está quitarlos de las calles. Van a darle la razón a ellos, que España ha dejado de ser católica. Porque los católicos hemos hecho dejación, Paquito, no por otra cosa...

Y la madre suspiraba, y musitaba una jaculatoria, y refería una historia escuchada en el Ropero de la parroquia, y el padre terminaba callando las murmuraciones:

—Eso son habladurías de la gente, mujer. Si hubiéramos de echar cuenta a todo lo que se dice aquí. Pero me parece muy grave que las cofradías no salgan, un error. Es darle argumentos al enemigo, hacer ver a la gente que si las cofradías no salen a la calle no pasa nada...

—Y para los hoteles será también malo, ¿no, padre?

—Mira, Paquito, de los hoteles, que se preocupen los hoteleros, pero yo lo he dicho bien claro en la hermandad: aquí paga uno para salir de nazareno, no para hacer política. La política, que la hagan los diputados en el Congreso, y los concejales en el Ayuntamiento...

—¿Y qué te han dicho?

—Lo que siempre se dice aquí, hijo, un chiste, y así nos va. ¿Sabes lo que me han dicho?

—No.

—Pues ha sido un zapatero de ahí, de la calle Córdoba, que mucho golpe de pecho, pero yo sé que votó por la gente de don Diego... Así que cuando yo dije eso, va y me dice, ¿qué, señor Fuentes, que los de Hacienda son ya ustedes más republicanos que los de Telégrafos? Mira, porque estaba en la hermandad y no era cuestión de dar la nota, pero me he venido con ganas de largarle cuatro frescas...

Guido, con sus bromas de siempre, hacía frases con Paco en aquellos días:

—¿Y cómo vamos a estrenar el Domingo de Ramos, si no va a haber Domingo de Ramos? Éstos, en vez de la procesión de las palmas, quieren que hagamos la procesión del Niño de la Palma...

Pero cuando llegaron aquellos días de olor y de luz, todos echaban en falta la gran fiesta de la ciudad, los trajes nuevos por la calle, los puestos en las esquinas, los tambores asustando a las palomas de los tejados, resonando contra las palmeras de los compases de los conventos. Aquel Domingo de Ramos sin trajecitos nuevos, Paco Fuentes fue al cine con unos amigos. Al salir, todos pensaron en lo mismo.

—¿Qué hora es ya?

—Las ocho menos cuarto...

—Ya tenía que venir la Amargura por la Correduría...

—Y Las Aguas de San Julián ya estaría por la carrera oficial...

—No, estaría ya fuera de la Catedral...

—Que no, chiquillo, que no habría llegado la Cruz a la Plaza...

Evocaba Paco el viejo mundo de la infancia, cuando la fiesta religiosa de la primavera le servía para descubrir la ciudad, sobre todo los barrios obreros. Yendo a ver las cofradías, pasaba por calles que nunca había pisado, se asomaba a los patios de los corrales, a ver con sus ojos la miseria que nunca podía imaginar, niño de los Jesuitas, de la que le hablaban los compañeros de Villasís que iban los jueves por la tarde a la catequesis de los niños pobres. Recorría Paco Fuentes su ciudad en aquellos días de tambores e incienso, y la sentía más suya, sin prejuicios, sin fronteras entre su casa y la de Guido, entre la casa de Guido y aquellas casas pintadas de verde, de celeste, de salmón, con geranios en los balcones, sembrados en latas de conservas blanqueadas con cal, y entraba a orinar en los rincones de puertecitas de los mingitorios de las tabernas, no olvida Paco Fuentes aún aquel olor de amoniaco, de serrín, de vino del Aljarafe, el borracho que siempre se le acercaba cuando, abrochándose la portañuela, buscaba la calle entre los almanaques de anís y los cuadros de las mesas redondas con lejanas temporadas de Joselito el Gallo, perdone, usted, señorito, ¿podría socorrerme, que llevo dos meses parado? Dios le ampare hermano, eran sus frases aprendidas contra aquellas fronteras de la pobreza de su ciudad, Dios le ampare, hermano, no hay pan partido, no le habían enseñado a partir el pan con aquella ciudad que le habían ocultado, y que cada primavera, entre orines e incienso, entre sudor de los costaleros y perfumes de las mujeres de mantilla por las calles del centro, Paco Fuentes descubría.

Aquella Semana Santa sin pasos fue muchas veces repitiendo el horario de la nostalgia que detallaran a la salida del cine en el Domingo de Ramos sin palmas de los canónigos por las gradas de la Catedral y junto a los soportales de la calle Alemanes. Ahora estarían Los Panaderos ya por el Duque, ahora estaría entrando el Baratillo por la calle La Mar, ahora la de San Bernardo estaría bajando el puente... Aprovechó la semana de vacaciones para estudiar, para escribir versos sobre los recuerdos de las cofradías, versos que nunca habría de publicar y que hablaban de vírgenes de llanto y de trompetería de dragones y húsares. El Jueves por la tarde llegó Guido con unos amigos del Club, estaba la calle vacía y lo llamaron desde abajo, sin entrar, y él les respondió desde el balcón:

—¿Qué pasa con tantos gritos?

—¡Que hay una cofradía en la calle, ha salido La Estrella!

—Esperadme, que ahora bajo...

Se puso la corbata, tomó el sombrero que ya usaba habitualmente, bajó apresuradamente las estrechas y empinadas escaleras. Con las prisas, se le olvidó accionar el tirador y hubo de abrir la lengüeta de hierro forzándola con la llave.

—¿Por dónde va La Estrella?

—Ya ha salido de la Catedral... Venga, vamos, que por ahí venían unos diciendo que le habían tirado unas piedras al Cristo en la calle Sierpes...

No había salido aún de la Catedral. Corrieron hacia allá y la encontraron aún por la que ahora se llamaba avenida de la Libertad, frente al Club de Guido y sus amigos.

—Vamos a verla desde el Club...

—Ni locos, Guido, lo que faltaba era que nos vieran ahí juntos viendo La Estrella... Además, yo no soy socio...

—Pero eres correligionario...

—Déjate, que aquí la vamos a ver mejor.

Y se subieron a los escalones de las gradas de la Catedral. Guido se sentó en las cadenas que, de columna a columna, hacían una lenta comba para la chiquillería. Los amigos de Guido se acercaron más hacia donde pasaban los nazarenos, blancas capas, celestes capirotes. Paco Fuentes se quedó pensando, ¿quiénes serán? ¿Serán los mismos trianeros que dice Guido que quemaron los conventos en mayo? Paco Fuentes no perdió la oportunidad de zaherir a Guido:

—Guido, a estas horas tu Quinta Angustia de tu alma, ¿por dónde iría?

—Pues ya estaríamos por el Arenal, pero mi cofradía no es republicana. Esto de apuntar a una Virgen a la República no me parece ni medio bien...

Se acercaba el paso de La Estrella, que ya el Cristo había entrado en la Catedral. Lo que más chocó a Paco Fuentes fue escuchar el Himno de Riego en aquel sitio, con aquel olor a incienso, entre la cera y las varas de plata:

—¿Has visto qué raro suena el Himno de Riego cuando entra una cofradía?

—Como que las cofradías están hechas para la Marcha Real; estos de La Estrella serán todos unos masones, como los de Los Negritos, si no, no hubieran salido a la calle... Mira cómo la Quinta Angustia no ha salido...

—Ni Pasión...

—Tenía que ser una cofradía de barrio, Paco; esto nada más que lo puede hacer una cofradía de barrio.

Así hablaban cuando notaron que los tambores habían callado. Los amigos, delante, más atentos a la cofradía, les sisearon para mandarlos callar:

—Que van a cantar una saeta...

De un balcón frente a la iglesia del Sagrario, blanco cierro pintado en el que este año no habían podido colocar la palma nueva y trenzada que horas antes habría llevado el amplio traje coral de un canónigo, una mujer comenzaba el largo, lastimero, viejo ay de la saeta:

Se ha dicho en el banco azul
que España ya no es cristiana.
Aunque sea republicana,
aquí quien manda eres tú,
Estrella de la Mañana...

Guido sintió cómo un repeluco le recorría la espalda, como cuando en la gramola ponían, al final de las reuniones en su casa, la Marcha Real tocada por la banda de los Alabarderos de don Alfonso. La gente tocaba las palmas, y otra vez sonaba la música, y vieron temblar las velas de la candelería al levantarse de nuevo el paso, camino de la Catedral, rodeado de gente, como sólo a la Macarena y a la Esperanza de Triana recordaban haber visto pasar así, en olor de barrio y de colorines, de gorras y de sombreros.

—¿Sabes quién es la que ha cantado, Guido?

—La Niña de la Alfalfa...

—Pues mira cómo se me han puesto los vellos. ¿Te has quedado con lo que ha dicho?

—Sí, que La Estrella es la Virgen Republicana...

—No, eso no es lo que ha dicho, ha dicho que ole los cojones de La Estrella, aunque esos masones que no creen en Dios estén en el banco azul. Porque todos estos de Triana creen más en Dios que en la República, Paco, tú no te olvides de eso...

—No sabes ni leer, ni oír, Guido. Ha dicho que La Estrella es republicana...

Al día siguiente, en el periódico, leyeron la letra completa. También se enteraron entonces que al salir de la Catedral habían disparado contra el paso. A Paco Fuentes lo despertó aquel Viernes Santo sin Santo Entierro la llamada de Guido:

—¿Te has enterado? Al salir de la Catedral le dieron cinco tiros... No se los darían por ser republicana, digo yo, Paco... ¿Tenía yo razón o no tenía razón? Mira, te voy a leer la saeta, que viene en el periódico...

Y todavía entre sueños volvió a oír Paco Fuentes que en aquella ciudad que tanto amaba quien mandaba era aquella Estrella del paso que habían visto la tarde anterior por las gradas de la Catedral.

Tuvieron los estudiantes católicos días de relativa gloria en su lucha universitaria. En otro periódico habría de salir la fotografía de Paco Fuentes, cuando hicieron suyo el caserón de la calle Laraña para protestar contra el Estatuto de Cataluña. Uno del Club, él lo había visto algunas veces con Guido, uno del Club que se llamaba Sancho, era de por la parte de Jerez y uno de los militares forzados a retirarse por Azaña, les había echado un discurso, abajo, en el patio, junto a la estatua de maese Rodrigo. Hablaba aquel hombre alto e iluminado de defender a España, de evitar la traición separatista. Por vez primera, Paco Fuentes notó que dejaban de hablar de don Alfonso e insistían mucho en lo de España, «¡Viva España y su unidad!», habían gritado al final, y después se habían ido todos escaleras arriba, a coger bancos de las clases y tirarlos a la calle. Otros llegaron con unas pizarras arrancadas de las paredes de Filosofía, donde habían puesto grandes letreros con tiza, que ahora sacaban al balcón, para enseñarlos a los curiosos agolpados en la calle, a las mujeres que con el canasto iban para el mercado de la Encarnación. Una pizarra ponía «Muera el Estatuto». Otra, «Abajo el Estatuto. Viva España». Paco Fuentes vio cómo discutían los que estaban pintándola momentos antes de sacarla al balcón y enseñarla a los de la calle:

—Si pones «Abajo el Estatuto» no puedes después decir «Arriba España». ¿Tú no ves que va a parecer las calesitas?

—Nuestro grito es Arriba España...

—No, pon mejor Viva...

—Vosotros los de Filosofía siempre con vuestras chuminadas de la tía Carlota... Y así va España... Venga, ¿está puesto? Viva España, ¿no? Al balcón...

Paco no lo vio hasta la mañana siguiente, que vino la madre a su cuarto con el periódico en la mano, señalando aquella mancha como un alfiler, un pelo negro en la segunda fila del balcón, bajo los candelabros que se encendían con colgaduras en las grandes solemnidades.

—Paquito, este del rincón, en la segunda fila, ¿no eres tú?

—¿A ver?

—Sí, este de aquí...

—No, éste es García, este otro es Tassara, éste es Fernández Macías...

—No, tú eres este de aquí atrás, de la segunda fila...

—Sí, ése soy yo. No puede decirse que haya salido favorecido...

—Hijo mío, ¿no te tengo dicho que no te signifiques?

—Y qué querías, ¿que me quedara dentro? ¿No decís tú y papá que hay que defender a España y a la religión? Pues allí la estábamos defendiendo a nuestra manera...

—Sí, pero no quiero que te signifiques... Mira como Guido no estaba; ése es más listo. Ése os echa a vosotros por delante y se quita responsabilidades...

—Es que Guido no es de la FEC...

—Ni de la FEC ni de la FUC; ése lo que hace es aprovecharse de vosotros, que él tiene más que perder que todos nosotros y que tú, hijo, que puedes perder tu carrera... ¿A que no fuiste a hablar con don Blas, como te dije?

—Sí, fui, pero no estaba él, hablé con un pasante suyo, uno que se llama Luna...

—Pues ve a verlo, que te oriente para las oposiciones a notaría, y déjate de niñerías. Mira como Guido no viene en la fotografía...

Terminó el curso, llegaron aquellos días en que Paco Fuentes frecuentaba con mayor asiduidad las reuniones de los poetas, sus rondas nocturnas de versos y tabernas. Iba por las mañanas a los escaparates de las librerías, a los anaqueles de los volúmenes de viejo, rescataba versos de ignorados poetas de la escuela sevillana, pasaba largas horas en la biblioteca de la Universidad, por las noches llamaba a compañeros del curso y se iban a los cines de verano, muy de tarde en tarde salían con algunas amigas, con las que iban a pasear por el Parque, y allí enseñaba los versos a Rosario, la hermana de Carlos García:

—No están mal. Algún día te pondrán una glorieta aquí en el Parque, Paco...

—¿Has leído el del romance de La Estrella?

—Sí, no sabía yo que tú hicieras versos de Semana Santa, ¿no decías que era algo caduco?

—Es que a la moderna poesía no se le debe escapar nada...

—Pues le ha gustado hasta a mi padre. Carlos se lo leyó, ya sabes qué buena voz tiene y lo bien que lee los versos...

—¿Y qué dijo?

—Que a ver si le dejabas una copia, que se los quiere leer a los de la junta. Ya sabes que es consiliario del Gran Poder...

—No creo que mis versos les gusten a la gente de la hermandad del Gran Poder...

—Me gustan a mí, Paco, y yo soy hermana... Un día tendrás una glorieta en el Parque...

—Déjate de bromas... ¿No os vais este año a Chipiona?

—Sí, en cuanto pase la Virgen del Carmen. Mi madre dice que hasta que no pase la Virgen del Carmen no nos vamos. Este año quiero aprender a jugar al tenis, Paco; una amiga mía del colegio tiene un chalet con pista de tenis. ¿Tú no sabes jugar al tenis?

—Ése es un juego de señoritos...

—¿Y tú qué eres?

—Sí, aunque no quiera reconocerlo yo también soy un señorito... Yo quisiera ser un poeta, pero me parece que me voy a quedar en un señorito abogado...

—Abogado, no; notario, tú tienes que hacer, ¿cómo se llama? ¿Registro y Notariado?

—No, Registro es una cosa y Notariado es otra. Pero a saber cuál de las dos es más insoportable...

—Pues Carlos dice que él quiere ser registrador de la propiedad...

—Ya lo sé, ¿y sabes lo que le digo?

—No...

—Que va a tener que darse prisa, no vaya a ser que cuando gane las oposiciones ya hayan abolido la propiedad privada los de la FUE...

Ella se reía, en el frescor de la tarde entre los largos paseos:

—Paco, estas cosas tan graciosas que dices, ¿por qué no las escribes?

—En vez de los versos, ¿no?

—No, además de los versos...

—Niña, que yo soy Paco Fuentes, no Galerín el del Liberal...

TAMBIÉN SE FUERON los Fuentes unos días a la playa. El padre tomó el permiso en el mes de agosto y alquilaron una casa en Rota, el pueblo del difunto abuelo. El nombre de la calle, «Rosario», le hacía a Paco pensar en la hermana de Carlos García, y estaba tentado más de una tarde en coger los cascabeles del coche que llevaba a la estación, para allí tomar el viejo tren vinatero hasta Chipiona y estar unas horas con ella. Pero le daba pereza, el sol le daba una extraña laxitud que apenas le dejaba con fuerzas, después de la siesta, para ponerse el pantalón blanco y la pescadora con el cuello de cordoncillos marineros, y pasear al atardecer por la playa.

—Hijo, ¿no tienes amigos?

—No tengo ganas de salir con nadie...

—Tú lo que andas es enamoriscado... ¿A que sí? Y además, para malas compañías, como tienes todo el año, mejor solo...

Se iba a la playa, ya solitaria a la caída del sol, y veía en el horizonte las dobles velas latinas de las parejas de pesqueros que regresaban. Llegaba hasta el final de la playa, junto al muelle, y se sentaba a tomar café en la terraza de una fonda que allí había, la maquinilla de metal dejando caer el llanto de las gotas sobre el cristal empañado. Y desde el velador se entretenía en ver cómo las parejas que había visto lejanas en el horizonte desde la playa ya habían rodeado el espigón del muelle, y se acercaban ahora al resbaladero, a descargar las cajas de pescadillas, de agujas, de boquerones, los rojos y misteriosos peces cuyos nombres, muchacho de la ciudad de espaldas al campo y a los mares, no sabía.

Y se acordaba de cómo el abuelo José le hubiera dicho los nombres de los peces que estaban, vivos y sangrantes, descargando en el resbaladero del muelle. Le habría dicho cómo se llamaba cada barco, *La Isabela*, que llevaba pescado a Cádiz; *El Abanico*, que con su ancha popa hasta la ciudad de la dorada cúpula y las calles desembocando en la mar cargaba calabazas y sandías, melones y peros. Cuando ya anochecía, entraba al pueblo por la puerta del faro, que era un poema de luz mortecina sobre las aguas de la bahía, así quedaría en uno de sus versos de aquellos días. Y pasaba por estrechas calles con olor a las fábricas de salazones, y por viejos castillos de los Lunas, y se acordaba en cada piedra y en cada red, en cada remo y en cada reflejo del faro, de su abuelo José, que no llegó a conocer ésta su vuelta a la tierra de donde un día salió en un viejo barco para quedarse anclado en la orilla de la ciudad, en los capotes de agua que ya no recibirían el oleaje de los bajos de Salmedina los días de temporal, Punta del Perro, Picacho, Punta Montijo, Punta del Cabo, Punta de los Cepillos, aún recuerda aquellos nombres que de niño escuchaba como una lejana aventura en el mostrador de la calle Francos, junto a las piezas de muselina morena y aquella vara con la que picaba imposibles toros de serrín y lluvia.

Allí, en Rota, siguieron la sublevación de Sanjurjo

aquel diez de agosto. En cada toldo de la playa, un mentidero. En cada sombrajo, una noticia. Burgueses de la ciudad tostados por el sol, soñolientos de sandía, en el largo permiso de los días que faltaban hasta el Día de la Virgen, a Paco Fuentes le hubiera gustado estar en la ciudad, y en cuanto volvió, a los pocos días, llamó a Guido para tener una referencia más exacta de lo que en verdad había pasado.

Fue a la casa de la calle San Vicente, a la que ya entraba sin el misterio de las tardes de los jueves del colegio, y escuchó una historia que casi nada tenía que ver con la que había leído en aquellos periódicos, demasiado grandes para luchar bajo el sombrajo contra el viento de Levante que pasaba las hojas antes que las hubiera visto.

—Ha sido un ensayo, Paco; esto quiero que lo tengas muy claro. Lo de Sanjurjo ha sido un ensayo. Nos ha salido mal, pero ya saldrá bien, tiempo al tiempo... Si vieras cómo lo aplaudían frente al casino. Yo tenía una misión de enlace...

—¿Enlace?

—Sí, yo tenía que estar con el coche toda la madrugada en La Palmera, frente a la casa de la marquesa de Esquivel, por si llegaban fuerzas, avisar a los que estaban dentro...

—¿Y quién estaba dentro?

—Sanjurjo, ¿quién iba a estar? Llegaron allí, serían las dos y media o las tres, en tres coches, él, Escudero y los que venían con él... Después de allí me mandaron a Miraflores, a la antena de la estación de Unión Radio, a ver si la habían tomado los soldados. Y vuelta atrás, otra vez a La Palmera, pero ya allí no había nadie, y me quedé arriado...

—Entonces tú, ¿qué hiciste exactamente?

—Nada, quemar gasolina. Una vez que se puede salvar a España resulta que me mandan a Miraflores, ¿tú te crees que esto es serio? Sanjurjo se subleva, y yo junto al manicomio... De locos, Paco, ha sido una cosa de locos. ¿No has visto en el periódico la foto de Sanjurjo en el penal? Alguien quería que esto no saliera bien, estoy seguro, así no se pueden hacer las cosas...

—Pero ¿y los otros del Club, y los de la Facultad, García, Fernández Macías?

—Yo no los vi por ninguna parte. Si ya te digo, si el diez de agosto me tocó de taxista... Allí arriado que me dejaron, y cuando yo vi tanto movimiento de tropas por la calle, ¿sabes lo que hice?

—No...

—Que me vine aquí a oír la radio, venga a dar la nota del general...

—¿Pero llegaron a leer lo de Sanjurjo, el bando?

—No, el bando dice que lo leyeron en la calle. Lo que decían por la radio era venga a repetir que la gente fuera al trabajo, una confusión la mar de grande... Así que yo me vine, y aquí me fui enterando, porque tampoco me atrevía a salir a la calle, no fuera a ser cosa que me hubieran tomado la matrícula del coche. Pero ahora que lo pienso, ¿quién me iba a ver, si ellos creían que Sanjurjo iba a dormir en el hotel Europa, y no sospechaban de la marquesa de Esquivel...? Aquí me dijeron luego que había estado la Policía por la noche, nada, llegaron, preguntaron por mi padre y se fueron...

—¿Por ti no preguntaron?

—¿Quién sabe quién soy yo, Paco? Si no lo saben siquiera los nuestros. ¿Tú te crees que es serio tenerme a mí en un coche toda la noche, y luego dejarme tirado? Y no iba a ir a la Gavidia, a presentarme en la División, porque yo no sabía ya si allí estaban los del Gobierno o los nuestros... Esto ha sido un desastre. ¿Te has enterado de lo de Madrid, no?

—Sí.

—A muchos los conocía yo... Un desconcierto, Paco.

—Entonces, ¿no viste lo de Sanjurjo por la calle?

—¿Qué voy a ver? Cuando me lo dijeron fui al Círculo, pero ya había pasado y allí nadie sabía nada, más que el alcalde y los concejales se habían metido en el Alcázar, en el Alcázar, Paco, con Alfonso Catorce, ya sabes que a Lasso de la Vega le decimos Alfonso Catorce, porque se llama Alfonso y ha sido el que se ha metido en el Alcázar después de Alfonso Trece. Bueno, pues el masón de Alfonso Catorce les ofreció el Alcázar, y allí montaron una cosa que le llamaban el Comité de Salud Pública o qué sé yo; venga a llamar a Madrid, venga pedir tropas a Azaña, total, que lo consiguieron. Y después de todo, mejor que fuera así, ha chaqueteado mucha gente, Paco, pero se ha evitado un derramamiento de sangre. Fíjate los pobrecitos de Madrid, y ahora dicen que a los que han detenido se los llevan a la Guinea...

—¿A quién han detenido?

—Tú no los conoces, son militares todos, guardias civiles y carabineros. No, no hay ninguno que conozcas, a Herranz no lo conoces, ¿no?

—No, ¿quién es?

—El culpable, yo creo que toda la culpa fue suya. Si se tenía todo en la mano. Pero La Bandera y esos masonazos se metieron en el Alcázar, los llamaron por teléfono y se acojonaron... Mira, Paco, no se puede salvar a España paseando por la calle Sierpes, y Sanjurjo se creía que aquí venía a pasearse y a que un betunero le limpiara las botas delante del Círculo. Así no volverá nunca don Alfonso, Paco...

—Hombre, hacía tiempo que no te escuchaba esa palabra, don Alfonso...

—Es que las cosas se están poniendo de una forma que tenemos que ir pensando menos en don Alfonso y más en España. Quiero que conozcas a Sancho, ¿no te he presentado a Sancho?

—Sí, en la Facultad, el día de la manifestación del Estatuto...

—Bueno, pues quiero que conozcas a Sancho. Él sí que tiene las ideas claras de lo que está pasando...

Y no había quien sacara a Guido de aquel su primer fracaso en la larga madrugada de la conspiración:

—Cuidado, tenerme a mí de chófer una vez que podemos salvar a España de esta chusma, toda la noche en el coche, para después dejarme arriado... Menos mal que no me dio por presentarme en la División, si no, a estas horas a lo mejor estoy camino de la Guinea, Paco. Y lo que me faltaba a mí...

—Hombre, Guido, negras no te iban a faltar...

—Negro me tienen a mí estos calzonazos, qué partida de inútiles... Así echaron a don Alfonso, ¿no lo van a echar con esta partida de inútiles? Si vuelve la Monarquía, Paco, será a pesar de los monárquicos, acuérdate bien de lo que te digo, será a pesar de los monárquicos...

Descorazonó a Guido la frustración que había sentido en la Sanjurjada, y se inventó una falsa vida al margen de la ciudad, con los amigos del Club. Organizaban tiradas al plato en las fincas, y frecuentó cada vez más el aeródromo de Tablada, donde tenían un hangar para sus avionetas y un pequeño pabellón donde nunca faltaba una improvisada barra de bar. Llegaron las elecciones de 1933 y aquel mes de noviembre lo pasó Guido muchas mañanas de la imprenta de Raimundo Blanco al aeródromo, llevando las cajas de octavillas que sus amigos tiraban desde las avionetas. Se le había ocurrido a él una tarde en el Club:

—Y si Ramón Franco usó la avioneta para tirar propaganda, ¿por qué no sembramos nosotros ahora la ciudad de papeles?

Alguna tarde él se subía, y muchas fotografías se hizo en aquellos días, con el casco de fieltro, las gafas, el mono inflado, los paquetes de octavillas bajo las alas, sobre las que después tenía que dejarlas caer el pasajero, una lluvia con el mensaje de la CEDA sobre azoteas y tejados, sobre las moreras de las barriadas y las acacias de las calles.

Por las noches, recobrada la tranquilidad o al menos acostumbrada la ciudad a los sobresaltos de pistoletazos y piedras que sonaban contra los cristales de los tranvías, volvió Guido a frecuentar las ventas, y habían descubierto un nuevo lugar, La Piscina, una que habían abierto al otro lado del río, en cuyo ambigú, que llamaban La Playa, solían ir por las noches, y donde por el buen tiempo tenían siempre una orquesta. Volvieron para Guido los reservados y las cortinas en los palcos del Kursaal, y echó de menos el chalet de Nervión:

—Fuiste tonto con venderlo, Guido; fíjate ahora las que podíamos organizar allí.

Trabó en estos meses amistad con un camarero de La Playa, Juan Romero. Con unos amigos notó que había unas formas al menos raras en el trato con aquel hombre:

—Juan es de los nuestros, Guido, puedes confiar en él. Ha estado en la CNT, pero ha roto el carnet, hastiado. Dice que si a él le coge lo de Sanjurjo con el carnet roto, aquí no pasa lo que pasó. Él nos ha contado muchas cosas sobre lo que hicieron los del Alcázar, que si te las decimos, no te las vas a creer... Ellos estaban más cagados que nosotros...

—O sea, lo que yo digo, que fue el sanjurjazo de la mierda...

Y cuando se acercó Juan Romero con la bandeja para servirlos, Guido se pavoneó:

—No tienen ustedes que presentármelo, yo conozco al señorito Guido porque antes estuve en La Vinícola, y también lo conozco de la Venta Pilín... Ustedes los señoritos no conocéis a los camareros, pero nosotros nos sabemos la vida y milagros de todos vosotros...

—Guido, anda que si Juan te coge dentro del coche delante de casa de la marquesa de Esquivel...

—No me recuerdes más aquello, que sois una partida de...

Juan Romero les iba cada día contando noticias del ambiente que se respiraba en los barrios, y así presintieron el triunfo de aquellas candidaturas que echaban desde el lento y alto zumbar de los motores de la avioneta:

—Ahora chillan mucho, pero cuando llegue la hora de la verdad, verán ustedes cómo votan a las derechas. Y las mujeres. Las mujeres están hartas de desorden, señorito...

Volvía Guido, de labios de Juan Romero, a oír la vieja palabra, con el tono que hacía años que no oía... Se acordaba Guido de sus viejas correrías nocturnas, de cuando fingía valentía con los panaderos de Alcalá que venían del tren en aquellos amaneceres de vaharadas de manzanilla, cuando bajaba el cristal de la ventanilla, ante la risa de las mujeres que llevaban sentadas atrás, e insultaba a los regadores:

—¡A regar, cabrones, hasta que se vea América...!

Escuchando a Juan Romero le parecía volver a los días de la Exposición, de las muchachas bajándose del tranvía en la Puerta Osario con la sonrisa cómplice de la entrega. Eran todos más jóvenes oyéndolo, y les decía «señoritos» con la ahora alterada sumisión de siglos:

—Señorito, están preparando algo los de la fábrica de sombreros... Me lo ha dicho uno de aquí, que tiene una hermana que trabaja allí...

—Señorito, convendría que mañana no saliera usted. Han visto a la gente del Local rondando la otra noche por la calle San Vicente...

—¿Quién?

—¿Quién va a ser? Los de siempre, El Capone, El Cañamero, El Quino y toda esa gente...

Para ellos Juan Romero era la ciudad de los barrios que habían dejado de dominar, los corrales que antaño se les rendían, las muchachas que tenían que acudir a la cita en un reservado sabiendo que iban a sacar unos recibos de casa de unos meses que aún no habían vencido... Juan Romero parecía feliz, Juan Romero no protestaba, Juan Romero añoraba los viejos tiempos de la Exposición:

—Entonces sí que se trabajaba a gusto, señorito; entonces sí que se sacaban propinas, señorito... Y no ahora, ¿usted cree que esto es una República de trabajadores, como dicen? Esto es una República de mierda. Aquí se ha perdido el señorío, quieren que todos seamos iguales, pero yo digo como El Guerra...

—¿Y qué decía El Guerra, Juan?

El otro lo alertaba sobre la servil gracia que el camarero iba a hacerles, antiguo rito perdido, copas vertidas y bromas hirientes:

—¿Qué decía El Guerra, Juan? Venga, dígalo usted, que aquí Guido no lo ha oído.

—¿Pues qué iba a decir? Mire usted, señorito Guido, aquí quieren que todos seamos iguales, y yo digo como El Guerra, que lo que no pué sé, no pué sé, y además es imposible...

... Y ADEMÁS eran imposibles aquellos sueños suyos de que el triunfo de la CEDA hiciera correr el tiempo atrás. Paco Fuentes, sin saber cómo ni por qué, notó el cambio, y una tarde, que habían vuelto al Parque, con Rosario, con Carlos García, con toda la pandilla, y que Guido los acompañaba, se lo preguntó, ya empezaban a florecer los plátanos orientales en las largas avenidas:

—Guido, ¿tú te has hecho del partido de Sancho?

—Sí, soy de Falange Española...

—¿Pero los de Falange no son monárquicos...?

—Es que es lo que yo te dije un día, cuando volviste de Rota, que si salvamos a España, será a pesar de los monárquicos...

—Pero España no hay que salvarla, Guido, la gente quiere esto...

—¿Tú crees que lo quiere? ¿Para esto casi nos matamos con la avioneta tirando papeles? ¿Para que tengamos que aguantar a Lerroux? Esto tiene que reventar, Paco... Si oyeras a Juan Romero, un camarero que se ha hecho de los nuestros y que ha hecho una escuadra de trabajadores...

—¿Trabajadores con vosotros, que no la habéis doblado en vuestra vida?

Por vez primera desde que habían iniciado la conversación, que ellos iban a paso más lento y la pandilla ya les había tomado una larga delantera sobre el albero de la avenida, Guido se paró:

—¿Eso lo dices de verdad, Paco?

Paco sintió miedo. Sabía que Guido llevaba ya pistola, se la había visto muchas veces asomar por el pantalón, debajo del chaleco, cuando se montaban en el coche.

—¿Eso lo dices de verdad, o es de broma?

—¿El qué, Guido?

—Lo de que es raro que haya trabajadores con nosotros...

—Me parece por lo menos raro... Eso no es la Unión Local, ni la CNT, eso es un partido de señoritos... Sancho, ¿qué es, sino un señorito de Jerez? José Antonio, ¿qué es, sino un señorito?

Guido lo cogió del brazo, y volvió a sentir miedo:

—Mira, Paco, no entiendes nada de nada; te tienen comido el cerebro los de la Universidad, que ya hablas como si fueras de la FUE. ¡Parece mentira, qué cambiazo!... Te voy a hacer yo otra pregunta, ya que estamos hablando en confianza.

—Házmela...

—¿Tú no te habrás hecho republicano, verdad? Porque ahora que han ganado las derechas muchos os estáis hasta haciendo republicanos, sois todos igual de falsos que Gil Robles...

—Yo no, Guido. Pero yo sigo pensando en don Alfonso...

—Bueno, hijo, en ese caso, corta... Ya está todo aclarado. ¿Tú no ves que don Alfonso es ya la prehistoria, que no se trata ya de la Monarquía, sino de España? Pero no le demos más vueltas... Menudo lío tienes en la cabeza, Paco...

Y se sonrió, con aquella sonrisa que siempre acababa con los argumentos de Fuentes, y retomó las bromas, dirigiéndose a los amigos que iban delante:

—¡Eh, esperarse, que nosotros también les queremos echar arvejones a las palomas...!

Y salió corriendo, bajo los plátanos orientales que comenzaban a estar en flor, y Paco Fuentes salió corriendo detrás. Al empezar Guido a echar a correr, vio cómo se le notaba el bulto de la pistola bajo los faldones de la chaqueta...

INTENTÓ LUEGO GUIDO que Paco Fuentes entrara en aquel partido que había venido a organizar Sancho desde Jerez. Sabía Paco de las reuniones, de las tertulias que tenían en el Club, con Manolo González, con Manolo Vázquez, aquel que montaba a Guido en la avioneta, con Pepe el Algabeño.

—A ti que te gustan tanto nuestras cosas y que te mueres por ir a los toros al Tendido Once y por las cosas de Semana Santa, que más que un poeta moderno me parece a mí que tú eres primo de los Quintero. ¿Sabes quién es El Algabeño, no? Pues El Algabeño también es de los nuestros... Y tú lo deberías ser. Yo sé por qué no has pedido ya el carnet...

—¿Por qué?

—Por tu madre... Estás cosido a las faldas de tu madre, Paco, y no te das cuenta...

—Pues lo tuyo es peor, Guido; tú estás cosido a una butaca del Club...

Cada vez empleaban mayor violencia verbal. No se daban cuenta, pero iban radicalizándose sus posturas. Ni Guido conseguía ya deslumbrar a Paco, ni Paco le servía a Guido para descubrirle lo que él entendía que era la ciudad. Había llegado Juan Romero y Paco veía que más que sus opiniones, tenía en cuenta Guido las de Juan Romero:

—Pues no creo yo que a ti te vaya a defender la República más que a Juan Romero... Tú tienes menos que perder, y míralo, con su carnet en el bolsillo y con la escuadra de obreros. Y en la Universidad, Paco, en la Universidad tenemos más gente de la que tú crees...

—Mira, Guido, podrás convencerme de lo que quieras, siempre me has convencido. Pero en esto, no te empeñes. Yo no soy Juan Romero...

—Y luego dices que somos un partido de señoritos, lo mismo que dicen los de El Liberal... Cuando el señorito eres tú... Tú eres ahora el señorito, Paco. La República es de los que usáis sombrero, no nosotros, que vamos por la vida con la frente despejada. ¿Has visto la foto del Jefe que lleva Sancho en la cartera?

—Sancho no lleva la foto del Jefe, sino de su primo... Que ahora me he enterado yo que el que tú le dices el Jefe es primo de Sancho... Esto es lo de siempre, Guido, no le des más vueltas. Un asunto de familia vuestro, de vuestra gente del Club. Igual que tu padre era de Unión Patriótica porque eran todos los de su clase, tú te has hecho de Falange...

—¡Qué descaminado estás, cómo te tienen sorbido el seso esos catedráticos masones!... Si vieras lo que dicen de mí los que tú llamas «mi clase», porque estoy siempre con Sancho en el Miami y en el American Bar y en el Club... ¿Tú no ves que aquí hay una cosa de edad, pero es que no te das cuenta? Mira, ¿quiénes vamos al Club? ¿Los señoritos? No, los hijos de los señoritos. Ellos siguen en el Círculo, y quisieran que nosotros también siguiéramos en el Círculo, allí, para que nos vieran los tratantes por la cristalera y se quitaran el sombrero. Mira cómo quemaron el Círculo y mira cómo quemaron La Fiambrera, cuando lo de Sanjurjo... ¿Por qué? ¿Porque estábamos allí los de Sancho? No, porque estaban ellos. Contra nosotros no tienen nada. Ellos son un orden nuevo y nosotros defendemos otro orden nuevo. Ellos son la República y nosotros somos España. Y lo que queman es la Monarquía, ¿pero no te has dado cuenta, Paco, de lo equivocado que estás? ¿O no me explico lo suficientemente bien?

ERAN, Guido lo veía claro, no era por convencer a Paco Fuentes, sino por convencerse a sí mismos, testigos del fin de una época. Conforme sentía las cachas de la pistola en el pantalón se afianzaba Guido en la idea de que, contra lo que pensara, Paco Fuentes pertenecía a un mundo que había terminado la tarde que fueron a la Plaza Nueva a ver colocar las nuevas banderas. No eran sólo, pensaba, las nuevas banderas las que colocaban. Arriaban las del final de una época, y se veía ya raro en el landó de dos caballos guiado por el cochero de la casa, yendo a misa en El Salvador, o en El Ángel. Aunque admiraba a El Algabeño, no se encontraba en un gustoso recuerdo de garrochista en «Rincón de los Brujos», tentando hembras en campo abierto, en el ruedo sin fronteras de la marisma. Debió empezar a pensar todo aquello, creía, en la forzada reclusión de «Cortijo Herrera», en el casino del pueblo, donde le parecía que el viejo reloj del rincón hubiera dado muchas vueltas atrás, y marcara todavía un tiempo que él sabía ido.

Nada cambiaba, sin embargo, en su ciudad, Paco Fuentes quizá se lo hubiera sabido explicar. Los largos paseos vespertinos, los casinos de la mañana, los sombreros que aún se quitaban los tratantes de grano y de ganado cuando él pasaba:

—Es el hijo del marqués de Flores, don Guido...

Pasaba por la larga calle, y allí seguía el mimbre de los sillones, y seguían las velas dando sombra, y tomaba al azar un tranvía, quizá, y daba la vuelta a la redonda, y veía las mismas miradas de hambre que él encontraba en las muchachas de los corrales. Y vio que el tranvía había parado en La Trinidad, y se acordó de Juan Romero, y decidió ir a verlo.

Cogió la larga calle del Sol, por donde había escuchado a Paco Fuentes que entraban los reyes en sus carrozas, ¿o era por la calle San Luis? Vio que lo miraban con recelo, que unas mujeres se metían en un portal y cuchicheaban nada más que había pasado. Fue mirando los números de las casas, que recordaba el del corral donde vivía Juan Romero, de cuando en el centro del partido, allí, casi frente al Club, en la misma calle donde habían visto a La Estrella, hacían el fichero. Iban los números en azulejos pasando ante su vista, sobre desconchados, bajo balcones con gitanillas que colgaban bajo los rodapiés pintados de verde.

—¿Éste es el Corral de la Pareja?

—Sí, señorito, ¿a quién busca usted?

—A Juan Romero...

—Vive arriba, en el número 19...

Crujían las baldosas de barro rojo bajo sus pies en el zaguán, y le daban la bienvenida una larga fila de contadores de la luz, en los que las telarañas unían a los números amarillos papeles de lecturas y cobros. Estaba contando por los contadores los vecinos que vivirían allí, treinta y dos, treinta y tres, cuando se le acercó una vieja, otra vez la gracia del tiempo que creía definitivamente ido:

—¡Ay, hijo, qué guapo viene hoy el tío de los alicates...!

—No soy el tío de los alicates, señora, vengo buscando a Juan Romero...

El tío de los alicates... Él aún dominaba aquella jerga, tan distante de los candelabros y los fanales con cera en su casa de la calle San Vicente... ¿Cuántas veces habrían cortado la luz por falta de pago en los contadores del largo zaguán del Corral de la Pareja? Allí estaba la ciudad en que Guido y los suyos habían dejado de mandar, en la alegre pobreza de la vieja, en el anillito de oro escondido entre las arrugas de su mano, en la flor empinada en el moño, como una corona de su poderío:

—¡Niña, niñaaaaa, que hay aquí un hombre que pregunta por Juan! Le vais a buscar un disgusto...

Guido no se dio cuenta, que había terminado de echar la cuenta de los vecinos que vivirían en el corral, no advirtió que la vieja se dirigía a él:

—¿Cómo, señora?

—Juan, Juan Romero... Que le digo que un día le vais a buscar un disgusto... Y es más bueno...

—No sé a qué se refiere usted, señora...

—Sí que lo sabe usted, ¿usted no es el hijo del marqués de Flores?

—Sí, señora...

—Pues eso es lo que le digo, que aquí está pasando algo muy raro. Yo me creía que era el tío de los alicates y resulta que es el hijo del marqués de Flores... Y no viene con la vara, que aquí cuando viene un marqués es que venía con la Sacramental, en la procesión de Su Divina Majestad bajo palio... No, viene andando, por la calle, y viene a ver a Juan Romero... Y a su mujer se lo digo, que a Juan le van a buscar un disgusto, que esto no es normal...

—¿Qué no es normal, señora?

—¿El qué va a ser? ¿Le parece a usted normal ver al hijo del marqués de Flores en la calle El Sol, y que encima no venga a mirar a una mocita, sino a buscar a un camarero de La Vinícola? Porque yo sé que Juan no es de los camareros que le prestan dinero a los señoritos; yo sé por qué viene usted y otros muchos como usted a buscar a Juan, y yo se lo digo a su mujer, niña; a tu Juan el día menos pensado le van a dar un disgusto...

La vieja le había seguido al lado, en su retahíla, mientras Guido iba entrando en el patio, a través del largo corredor. Conocía aquellos corrales. Los dos que todavía tenían ellos eran así. Viejos centros de manzana, los corrales de las casas, aprovechados para construir dentro habitáculos para los trabajadores que llegaban a la ciudad esplendorosa de puerto y de tesoros indianos. A todos se entraba por un estrecho zaguán con muchos contadores, pero después se ensanchaban a la luz y a las flores en el patio, arriba las galerías a las que abrían las puertas de las salas, abajo más salas, las cocinas pegadas a las paredes como hornacinas de viejos retablos callejeros, en el centro la fuente con la cruz de hierro y el pilar encalado, y en su torno los lebrillos del lavadero, latas de conserva con matas de romero, macetas con geranios, con olorosas yerbas, mucha cal y muchas voces, era la pobreza de su ciudad, sobre la que se había asentado su señorío. Nunca había Guido venido por este corral, algo raro estaba pasando en la ciudad, que los señoritos venían a buscar a Juan Romero, al camarero de La Playa, en el Corral de la Pareja, así llamado por la mujer de un Parejo, cargador de Indias, que lo construyera cuando aún no había acabado el siglo XVIII y Carlos III, por minar el poderío de las viejas casas de Arcos y de Medinasidonia, había hecho marqués a aquel lejano Flores, heredero de un supuesto Fiori, genovés asentado en la ciudad cuando descubrieron las Indias, auxilio de la Corona con Fúcares y Mañaras, y Colartes, y Jácomes, y Bucarelis, y Corzos...

—¿Pasa algo, Guido?

Juan Romero estaba durmiendo la siesta. Se había asomado a la galería, ante la puerta marcada con un azulejo con el número 19, el pantalón recién puesto, la correa desabrochada, en camiseta de tirantes, con una toalla al cuello...

—No, no pasa nada. Que venía dando una vuelta y me dije, voy a ver a Juan...

—Sube...

En el hueco de la escalera, un remendón trataba de componer clavando puntillitas unas botas a las que ya se habían echado todas las medias suelas posibles. No escuchó Guido cómo la vieja que le había recibido en el portal se había acercado a otra, que estaba lavando en los lebrillos del centro del patio, y que le decía:

—Fíjate, y se hablan de tú... De tú, niña, el hijo de un marqués a Juan Romero el de la Negra... No, si aquí o está pasando algo o va a pasar algo malo; si esto no puede ser bueno...

«No puede ser bueno...» Guido no percibía estos deseos. O quizá sí. Era el mismo servilismo de Juan Romero. Lo habían hecho camarada no por sus ideas, sino por su servilismo. Juan era para Guido y sus amigos como el homenaje póstumo a los camareros de su ya casi perdida juventud, a los confidentes de su adolescencia de dinero en el bolsillo:

—Señorito Guido, dígale usted a su primo de usted que La Jerezanita me pregunta mucho por ella, usted ya me entiende...

Entró Guido a la sala y alcoba de Juan Romero. No hizo preguntas, pero nunca había visto tanta pobreza junta. Pendían del techo, en alcayatas, racimos de uva. Prefirió hablarle a Juan de los racimos de uva, no de las camas puestas junto a la cómoda, ni del mínimo mobiliario, apenas unos cuadros devotos, unas sillas, la funda de cretona de una máquina de coser.

—¿Para qué son esas uvas? ¿Las guardas para las doce, doce?

—No, es por si me quedo parado...

—¿Y qué tiene que ver el trabajo con las uvas?

—Las uvas ya no son uvas, que son pasas. Las compro cuando están baratas, que las traen de por ahí de la parte de Trebujena y Lebrija, en la Feria las venden muy buenas. Yo compro unos cuantos kilos, y las cuelgo, para que se pongan pasas... Y si me quedo parado, los chiquillos ya tienen algo que comer... Muchas veces hemos estado aquí nada más que a pan con pasas. Guido, si yo te contara la mitad de las cosas... ¿Pero tú qué querías de verdad?

—No, nada, lo que te he dicho, hacerte una visita...

—Es que como antes había abajo ropa tendida... Y no veas cómo largan las comadres... Ahí donde las tienes, con más piojos que el petate de un soldado, todo el día se llevan en San Román, rezando. ¿No te digo yo a ti que a Gil Robles lo ha votado gente que no nos podemos imaginar? Bueno, pues éstas son de las que han votado a Gil Robles...

—Si me ha visto y ha dicho no sé qué de Su Divina Majestad...

—Como que a éstas lo que les gustaba era ir a ver a la Reina, qué República de trabajadores ni qué niño muerto, Guido...

Había ya terminado Juan Romero de vestirse y se sentó en la mesa camilla, frente a Guido. Buscó en una chaqueta de trabajo que tenía sobre la cama y sacó un cigarro:

—Cuéntame, que no es normal que hayas venido. ¿Han detenido a algún camarada?

—De verdad, Juan, que no pasa nada.

—Vamos para abajo. Te voy a enseñar la taberna donde te he dicho que tengo echado el ojo a dos, para captarlos para el movimiento. Mira, aquí tengo la octavilla de afiliación nueva, ¿no las has visto?

Juan Romero sacó el papel doblado del bolsillo y se lo dio a leer. Desde los balcones, las mujeres se fijaban en ellos. Carrillos de mano y pregones llenaban la tarde, camino de San Román: «Vienes a cooperar a un Movimiento Nacional de la más pura raigambre española. Tienes que estar en todo momento dispuesto al sacrificio...»

No estaban los que iban buscando en la taberna. Se sentaron en una mesa junto a una ventana y siguieron hablando, la sombra de Sancho sobre los dos, la vuelta de cuanto tantas tardes habían hablado en la Plaza de América, que a Guido se le había ocurrido aquel lugar para las reuniones, en los veladores de la terraza, junto a las palomas, como si fueran una excursión de un pueblo. Guido oía hablar de patria, y de disciplina, y de honor, y escuchaba las historias de lo que había ocurrido a los camaradas en Aznalcóllar; él no había podido ir al entierro de aquel pobre muchacho, pero le habían dicho que habían saludado brazo en alto, y que de Madrid había venido un jefe de la secretaría. Juan Romero le repetía ahora las mismas palabras, honor, patria, y se iba haciendo de noche, y del fondo de la taberna, salía la voz del cante y del vino:

Sendero,
a la yerba del sendero
la pisan los caminantes,
y a la mujer del obrero
la pisan cuatro tunantes
de esos que tienen dinero...

Juan Romero lo cogió de pronto del brazo:

—Vámonos...

—¿Qué pasa?

—Vámonos, Guido; luego te cuento...

Echaron a correr. Cuando ya habían salido del barrio, Juan le explicó:

—¿Sabes quién era el del cante?

—No sé...

—Un compadre del Cañamero...

—¿Y qué?

—Que te han reconocido, y no me gusta que te vean conmigo en el barrio... Ya te lo dije, si no era para nada, no debías haber venido...

A LA MAÑANA SIGUIENTE, en el Club, le preguntó Manolo González:

—¿Tú estuviste anoche con Romero, no?

—Sí, fui a verlo...

—Pues de madrugada pasaron unos en un coche y se liaron a tiros con el Corral de la Pareja...

—¿Y ha pasado algo?

—No, nada; Juan estaba entonces en lo de Casa Maerilla, ¿no te lo han contado?

—¿Qué?

—Lo de Casa Maerilla. No he visto una cosa con más gracia, lo ha referido un escuadrista nuestro. Así que resulta que en Casa Maerilla, tú sabes, en Triana, paran unos que el otro día cogieron a unos nuestros que estaban vendiendo periódicos en el Altozano, que también son ganas de ir a vender los periódicos a la boca del lobo... Pero a lo que vamos. Sancho decidió que anoche hicieran en Casa Maerilla lo que él dice «una acción punitiva»...

—Leña al mono...

—Leña al mono que es de goma y no se queja...

—De la acción era responsable Martín. Caraballo nos había dicho a la hora justa que iban a llegar y todo, ya sabes que Caraballo nos tiene informados de todo cuanto va a pasar en Triana. Y con Martín iba Juan

Romero, que por eso se sorprendería de verte, el hombre se creería que te habíamos pasado a las escuadras de choque. Así que van Martín, Romero y unos escuadristas más, y mano de santo: sacaron las porras, se liaron con los que se tenían que liar, y aquello acabó como el rosario de la Aurora; no hay cojones, Guido, que no hay cojones... Y como los otros salieron corriendo, que me parece a mí que era también gente del Cañamero, aunque por aquel barrio tienen a otros... Bueno, los tíos, que salen corriendo cuando ven que los nuestros han sacado las porras y están a vergajazos con todos los que pillan, no falló Caraballo, tú, todos estaban allí. Y había uno, que se quedó rezagado, y que le dieron más palos que a un tambor en Semana Santa; y el hombre no hacía nada más que decir, esto me pasa a mí por las coles, por las joías coles, que yo no tengo ná que vé con la política, señorito, que lo mío es por las coles... ¿Pero qué coles? Unas coles del almuerzo, que me sentaron mal y que me han tenido toda la tarde reventadito la boca del estómago, y le dije a la parienta, niña, voy a Casa Maerilla a tomarme una copa de aguardiente, y aquí estaba cuando llegaron ustedes avasallando, que yo no tengo ná que ver con ese Cañamero que dicen ustedes, que yo no trabajo en el muelle, que yo soy cartujano, como la copla, que trabajo en La Cartuja...

Vio Guido a Paco Fuentes días antes de las elecciones de febrero, temía que al no frecuentarlo por dedicarse más a las cuestiones del partido se enfriara aquella amistad en la que, como en pocas, confiaba.

—Esto está muy enrarecido, Guido.

—Tranquilo, ya verás tú como no llega al sangre al río...

—Pero ya hay sangre, Guido...

Paco Fuentes se acordó del entierro de Caravaca, el gerente de la fábrica de Cobián, que tanto afectó a su padre. Tenía Paco Fuentes un termómetro para saber la temperatura de la angustia de su ciudad, y eran los llantos y rezos de la madre, sus recomendaciones:

—Hijo, menos mal que has dejado a Guido. ¿Sabes que anda a tiros con los pistoleros?

—No, él no. Él es de la Falange, pero no es violento...

—Menos mal que ya no sales con él, hijo, qué mal camino hubieras llevado...

—Lo vi claro cuando hablé con don Blas...

—¿No te decía yo que fueras a verlo?

—Pero lo que vi claro no fueron las oposiciones, mamá, que cada día me gusta menos eso. Lo que vi claro es lo que está pasando aquí. Me dio un libro que ha publicado sobre aquello de Tablada; por ahí tiene que estar...

—Como que ese hombre, Paquito, es un santo... Tendrá sus ideas, pero él de violencia, ni mijita. Eso hacían falta, hijo, muchos hombres de orden; fíjate tú, ni las derechas nos han traído el orden; habrá que votar a los que dice tu padre, a Calvo Sotelo...

—Él lo dice porque fue ministro de Hacienda; eso no es normal; lo de papá es una cosa muy rara...

—Ya hay sangre, Guido... —le decía Paco Fuentes, acordándose del termómetro de lágrimas de su madre.

—Será sangre salvadora...

Y DEJABA DE VERLO otra larga temporada, y él seguía cada vez más recluido en sus libros. Leía en los periódicos tiroteos, palizas, muertes, en las que adivinaba la mano de Sancho y de Guido. Algunas tardes pasaba a verlo por el Nacional, donde ya no se reunían los poetas, pero donde Paco Fuentes seguía acudiendo con Rosario, de la que ya se había hecho novia.

—¡Qué moderna, una señorita en un café!...

—En Madrid van las señoritas a los cafés...

—Adiós, Victoriakent, que no he querido ofenderte. ¿Cómo estás, Rosario?

Les hablaba Guido a Paco y a Rosario de algo que se avecinaba, después que ya se hubiera constituido el gobierno del Frente Popular. Era el mes de junio, y no comprendían nada, sólo tenían aquellos ratos del café, los paseos de la salida de los cines, entre los exámenes que acababan en aquellos días.

—¿Has aprobado todo, Paco?

—Creo que no, que dos me van a quedar para setiembre. Y lo siento por ésta —y señalaba a Rosario—, porque quiere que me quede de pasante en el bufete de su padre, y que nos casemos el año que viene o el otro...

—¿Y la notaría?

—La notaría para Gastalver...

Y reían, y hablaban de sus planes, y Guido, en la medida que podía contarlo delante de Rosario, les hablaba de sus novias.

—Ahora tengo nada más que dos novias...

—¡Qué sinvergüenza eres, Guido!... ¡Qué cínico!... Como yo me entere cómo se llaman...

—Primero que no te vas a enterar, y segundo, que aunque te enteres no las conoces... Una es una niña bien, vive en Madrid, pero ahora están aquí pasando temporada; tú no la conoces; es de mucho más arriba de lo que tú y Paco podáis pensar... Y la otra vive por ahí por San Román, y tampoco la conocéis...

—Hijo, Guido, te echas unas novias en unos sitios más raros...

—Sí, si quieres me las voy a echar en la calle Palmas, como tú, para que todos me vean si entro, si salgo o si dejo de entrar...

Fueron así pasando los días. Cada día era más activa la llegada de coches a la puerta del Club. Sancho hablaba por teléfono con Madrid dos o tres veces al día. Juan Romero había dejado ya La Playa y no sabía ni el mismo Guido a qué se dedicaba. Cuando iba a casa de Sancho, lo veía entrar y salir con paquetes, muchos paquetes...

—Sancho, ¿qué lleva Juan en esos paquetes?

—¿Qué va a llevar? Pistolas... ¿Y la tuya?

—En casa, en la biblioteca, ya sabes que para estas cosas soy muy ordenado. Está en el estante del Espasa, detrás del tomo de la Pe y la I, donde corresponde a la palabra «pistola»...

—También podías haberla puesto en la ese de Star.

—No se me había ocurrido, Sancho...

—Pues menos Espasa, y más cojones... La pistola hay que llevarla encima. Ya está todo a punto...

—¿Cuándo?

—No lo sé con exactitud, pero me han dicho que el jueves o el viernes. Y ellos también lo saben, están armando a sus gentes. Igual que nosotros tenemos a Juan y a Martín repartiendo regalitos, tienen ellos a todos los suyos. Manténte en contacto con los enlaces, Guido, y déjate de cachondeos, que esto puede ser el jueves o el viernes...

Sobre la mesa del Club estaba otro periódico más que hablaba del asesinato de Calvo Sotelo.

GUIDO COGIÓ EL COCHE, fue a su casa, entró en la biblioteca, se acercó al tomo de la Pe del Espasa y cogió la pistola. Luego fue a su cuarto y cogió dinero. Se metió el dinero y la pistola en el bolsillo trasero del pantalón. Llamó a Paco Fuentes:

—Paco, ¿te vienes a tomar unas cañas por ahí, a una venta?

—Pero he quedado con Rosario...

—Deja a Rosario...

Lo recogió en la Plaza del Salvador y enfilaron el camino de la venta. Paco Fuentes no recordaba haber visto beber a Guido con tantas ansias. Ni se fijaba en las mujeres, ni en el cante. Pedía una media botella y otra media...

—Guido, ¿por qué bebes así?

—¡Ay, Paco, si tú supieras por qué bebo así...!

Siguieron allí toda la noche, que llegaron unos que conocía Paco de la Facultad, y Guido los invitó a todos. Guido dormitaba en un rincón; se le acercó una mujer:

—¿No te acuerdas de mí, Paco?

—¡Ah, verdad!...

—Sí, soy La Jerezanita. ¿Sabes lo que me decían por culpa de vosotros? Jerezanita, Jerezanita, que contigo pecan los jesuitas... Me hizo la copla uno que tú tienes que conocer, se llamaba el pobre Alejandro Collantes, también era poeta... Oye, Paco, ¿qué le pasa a Guido? Nunca lo he visto tan borracho...

—La política, que este hombre se va a matar por la política. Algo que le habrá contrariado, y la ha pagado con las medias botellas...

Cuando terminó el cante, ya estaban las claras del día sobre la venta. Guido despertó, salió, buscó agua en el corral que había detrás y llegó como nuevo; Paco Fuentes siempre quedaba impresionado por su forma de remontar el vino.

—¡Ea, Paco, paga, y vámonos!...

—Pagarás tú, que tú fuiste quien me invitaste...

—Espera, que tengo el dinero aquí atrás...

Y se metió en un reservado, pero no se escondió como para que Paco Fuentes no viera cómo sacaba la pistola y el dinero, y se volvía a guardar la pistola...

Pagó y se encaminaron al coche. Arrancó, y otra vez era el viejo Guido del colegio:

—¡Ea, ahora nos vamos a ir de cacería!...

—Déjate de cachondeo, Guido, que es muy tarde y en mi casa estarán preocupados...

—¿No sabía tu madre que venías conmigo?

—Por eso mismo, ¿te parece poca preocupación?

—Vamos a ir de cacería, ya verás...

Cruzaron el puente y llegaron al Parque. Amanecía ya sobre las palmeras y los sauces llorones, y las cresterías de piedra de los pabellones de la gran locura pasada de la Exposición. Pararon junto a la Plaza de América. No había nadie. Las palomas todavía dormían junto a los dátiles, en las altas palmeras. Paco vio cómo Guido había recobrado la borrachera que se quitó al borde de aquel grifo de la venta. Había sacado la pistola y apuntaba para las palmeras.

Sonó un disparo. Una paloma cayó, blanco plomo, sobre los arriates, y una bandada levantó el vuelo. Siguió disparando hasta agotar el cargador, y cayó otra paloma, dormida aún entre las palmas.

Dando tumbos, se acercó Guido al arriate y cogió por las alas la ensangrentada paloma. Levantándola, se la enseñó a Fuentes:

—Paco, ésta es la primera que ha caído. Ya han empezado a caer...

Paco lo cogió y lo llevó a empujones hasta el coche. La paloma quedó allí, sangre sobre el albero. El sol aún no se veía. Era el frescor del amanecer de verano y Paco Fuentes sintió frío. Arrancaron. Bajó la ventanilla y comenzó a vomitar...

Aquella noche oyeron por la radio que el Ejército se había sublevado en África.

AUNQUE AHORA no lo creáis, había otra vida en la ciudad que la vuestra. Habían matado a don Pedro Caravaca, el de la fábrica de Cobián, y también habían matado a Díaz Ferrera, el médico, Guido, que iba con Pepe Osuna por la Facultad a levantar los ánimos de los de la FUE, contra los que poco podían tus jesuíticos estudiantes católicos, demasiado pegados a las faldas de la madre, del mismo modo que tú estabas demasiado pegado a tu ya imposible grandeza. Fue entonces, Guido, cuando vendisteis la berlina, que tu madre ya no quería usarla para ir de compras a la calle Francos, ni a salir se atrevía muchas tardes, y tú con la pistola detrás de un tomo del Espasa, aquél era el agujero de tu pródiga mano.

Lo piensas ahora, Guido, y ves que han sido años sin cofradías, qué repeluco la saeta a La Estrella por la Catedral. Paco Fuentes te contó su aventura de aquella primera madrugada, no te dijo la calle, pero tú pudiste ponerle nombre, Montalbán, Tinajas, Escarpín, Joaquín Costa, Olavide, Leonor Dávalos, lo comentabas muchas veces en el Club, yo no quiero ser célebre, ¿para qué quiero ser célebre si a lo mejor después de muerto van y le ponen mi nombre a una calle de casas de niñas? Ninguna calle sería mejor para ti, Guido, que aquellas en las que anduvo Paco Fuentes aquella madrugada, cuando había venido el Rey, qué guapa estaba doña Victoria Eugenia con la mantilla negra en los palcos de la Plaza, tus padres fueron. Había terminado, Guido, la larga Cuaresma de la ciudad, que aunque habíais comprado la bula de la Santa Cruzada, que la llevaban de la Catedral al Ayuntamiento, en un coche abierto, con la caballería detrás, que aunque habíais comprado la bula de la Santa Cruzada, erais de antiguas observancias de parquedad de bacalao con tomate, lejanas cuaresmas con bacalao y sin bailes, sin cine, con el quinario de tu cofradía, y venía luego aquella liberación de la ciudad echada a la calle. Es el mundo que evocabas cuando veías pasar a La Estrella, Guido. Entonces una cofradía de barrio no se hubiera atrevido; pasabais vosotros con vuestras túnicas moradas; sabían todos quiénes erais detrás de los antifaces; y después venían ellos, bullangueros, La Piedad de Santa Marina, La Trinidad, Los Caballos de Santa Catalina... Llegaba la madrugada y por vez primera os daban la llave de la casa, Guido, la noche para vosotros, la ciudad entera sin cuaresmas, y sin confesiones generales, y sin perdona a tu pueblo, Señor. Era, Guido, la primavera, era vuestra sangre, en las manos, que se os iban en las bullas. Decíais que ibais a ver al Señor pasar por la calle Palmas. Pero en vez de ir a ver al Señor por la calle Palmas, os ibais a las casas de niñas, ¿es la primera vez que vienes, niño? Déjate, verás qué bien sale. Allí estabais, Guido, cursos completos del colegio, todos estrenando el pantalón largo, la primera noche con la llave en el bolsillo, y sonaban en la calle los tambores, está pasando la Esperanza de Triana, agua al siete, y las cafeteras que traía el maricón, y las toallas, y el terciopelo verde de los capirotes, qué bonita va, niño, qué nú-

mero más grande calzas, y allí, en la calle, la cola, callejón de Olavide, Montalbán, Escarpín, y los plumeros de los armaos, te quitabas los pantalones y te acordabas que horas antes te habías quitado la túnica morada de la Quinta Angustia, y que la habías dejado sobre una calzadora en un rincón del dormitorio, y te habías ido a recoger a Paco Fuentes, que ya habría vuelto de salir en Pasión. Aún suenan, Guido, los tambores de la Esperanza de Triana, y las palanganas por el pasillo, ¿se va usted a ocupar, señorito?, y antes de que se abran las puertas del templo y comencemos nuestra estación pernitencial, un padrenuestro por las almas de nuestros hermanos fallecidos, que ya forman en la eterna cofradía del cielo, Padre Nuestro, que estás en los cielos...

Había otra vida en la ciudad, Guido, en el mundo del hambre de los corrales que apenas entreveías cuando ibas a buscar a un camarada, corrales de las Ánimas, de la Parra, de los Chícharos, del Cura, del Indiano, de San José, del Trapero, de Montaño. A los corrales, Guido, sí que había llegado la República, las huelgas de alquileres, no todos se ahogaban en un vaso de agua con la visita de la casera, como aquella costurerita tuya del chalet de Nervión. No todos, Guido, se quitaban la gorra al oír tu nombre, que había otra ciudad que te odiaba, a ti y a todas tus castas. Pero parece que los escogías, no hablabas más que con los que aún te temían y respetaban, con la vieja de la flor en el moño, con la que por los inviernos estaba en la puerta de la casa aventando con un soplillo la copa de cisco picón y se levantaba para saludarte cuando pasabas, allí al final de tu calle, lenguas de tu ciudad, Guido, donde San Vicente se hace Don Vicente para quedar en Vicen-

tillo, donde limita ya con la pobreza de las Lumbreras, del corral de los Chícharos.

A esa vieja, Guido, le dices tú que eres el hijo del marqués de Flores y hasta se santigua; la gente os veía por la calle y, si no os odiaba, no sabía dar crédito a sus ojos, erais para ellos como el Santolio, altos, rubios, con los ojos azules, de otra raza, te dejaban la acera, aún te dejaban la acera, que no te atrevías nunca a llegar hasta esta otra ciudad de la pobreza, la que todo lo más Paco Fuentes adivinaba desde la azotea de su casa a través de las torres, de las espadañas, de las cúpulas, de las palmeras que salían del breve frescor de los compases conventuales.

No te atrevías, Guido, a salir de vuestro mundo de las calles del centro, no llegabas a la ciudad del hambre y de los parados. Como tampoco la Santo Mauro, o la Alba, o la Javalquinto, hubieran descendido a tu casa de la calle San Vicente, que tus amigos creen palacio; ni a vuestro esnobismo señorito del Club, me ha salido un hijo que en vez de marqués es un señorito, comentaba tu padre en el Círculo. Pero ya no ibas por el Círculo, en el Círculo se seguía hablando de don Alfonso, y no había pistolas escondidas detrás de los tomos del Espasa, por eso lo quemaron, el casino de tu padre, y La Fiambrera, cómo ardía toda una época, Guido, en las pavesas de las cortinas que quedaban colgadas sobre los alambres de los cables del tranvía. Creías, Guido, que inaugurabas un mundo, avionetas del Club, coches por las avenidas, ropa inglesa, pero no hacías sino enterrar otro, que se había ido con don Alfonso en un barco de guerra que zarpó de Cartagena; el marqués de Flores tiene un hijo que se ha ido con los falanges, ¿y qué dice su señor padre?, ¿qué va a decir?, ésos son los del Club, que no tienen clase y que tienen que buscarse estos modernismos, ¿qué tendrá que ver un marqués con esos camareros y esos taxistas que van con ellos, y que les llaman camaradas? ¿Ah, les llaman camaradas? ¿Camaradas de qué? Ellos dicen que de salvar a España...

Se ha acabado ya la fiesta, Guido, es como si fuera Miércoles Santo y fuerais a la Catedral a oír la música del Miserere. Paco Fuentes se la sabe de memoria, Guido, es tan capillita, y ahora, mientras vacías el cargador contra las dormidas palomas de las palmeras de la Plaza de América, si no tuviera la borrachera que tiene y si no estuviera a punto de vomitar viéndote a ti, y viendo vuestra violencia, podría ponerse a cantar el versículo que nunca escucharás, mientras sobre los arriates de arrayanes caen aquellas alas manchadas de la sangre con la que te creces, Guido...

...Miserere mei, Deus,
secundum magnam misericordiam tuam...

ESTE SEÑOR DE SEVILLA

1936

La criada tuvo que aporrear fuerte la puerta. Había llegado tan tarde que casi estaba ya levantado el servicio cuando sus pasos vacilantes cruzaron los corredores del piso alto, haciendo más ruido del que querían. Ni a desnudarse le había dado tiempo, y la pistola la tenía tirada sobre la chaqueta, arrugada en la calzadora. La criada aporreaba la puerta:

—Señorito Guido, señorito Guido, que está ahí don Manuel González preguntando por usted, y dice que es una cuestión urgente, que no puede dejarle la razón; yo le he dicho que estaba usted durmiendo, pero dice que no puede dejarle la razón, le he dicho que pase a la salita de abajo...

Quiso abrir los postiguillos para ponerse otra ropa, al darse cuenta, con el sabor de la manzanilla todavía en la boca, que llevaba puesta la de, ¿cuándo fue, anoche, esta mañana? Quiso abrir los postiguillos, pero le cegó la luz. A tientas buscó el batín de seda, salió al cuarto de baño, y se tapó los ojos con las manos, para que el sol que entraba por los cristales de la galería, descorrida aún la vela, no se le clavara como los cuchillos de luz que por las rendijas de los postiguillos entraban desde la calle, en la que notó un especial silencio, de día de fiesta, de día de la Asunción, de mañana de la Virgen, cuando se levantaba tarde y su madre le reprendía luego no haber ido a la procesión.

Volvió al cuarto, cogió una camisa limpia y un pantalón, y del pelo rubio le iba resbalando agua por el cuello, cuando bajaba las escaleras, venablos de azulejos en las escenas de montería de los rodapiés, verde frescor del patio que se le aparecía ante los ojos. Todavía se acercó a la cocina, antes de llegar a la salita:

—Que me lleven a la salita un café negro...

—¿Se va a tomar usted nada más que un café bebío?

—Sí, un café bebío...

—¿Don Manuel González va a tomar otro?

—Pregúnteselo usted a él...

Y se fue para la salita. Manolo González, enlace en estos días del nuevo comité que secretamente habían nombrado en una finca de la carretera de Dos Hermanas, miraba a la calle, apartando con una mano los visillos de encajes:

—¿Qué pasa?

—Que esto ya está en marcha, Guido... El Ejército se ha sublevado en Marruecos y aquí esperamos acontecimientos de un momento a otro. Está aquí Queipo...

—¿Quién?

—Queipo de Llano. Pepe el Algabeño ha ido a ponerse a sus órdenes y nos ha ordenado estar alerta. Los escuadristas ya están con Juan Romero y con Martín. Nosotros tenemos que quedar localizables, pero en un lugar seguro... Esto es lo que hay...

—Pero ¿a qué espera ése...? Oye: ese Queipo, ¿no es el del caballo del Rey?

—Sí, pero está con nosotros...

—¿Y no había nada mejor? Cuidado que mandarnos a un masonazo... Queipo es masón; Manolo, no me gusta esto nada...

—Venga, a un lugar seguro, dice la consigna de Pepe, ya sabes que eres su ojito derecho...

—¿Pero se podrá uno tomar un café bebío antes, no? Chiquillo, anoche...

—Bébetelo tranquilo, que esta noche...

—¿Qué?

—No, que no vas a estar en una venta precisamente. Porque creo que lo que sea, tronará antes de esta noche...

Le trajeron otro café a Manolo González y cambiaron impresiones acerca del posible refugio, en aquellas horas en que esperaban que se pusiera en marcha lo que durante tantos días habían oído, más desde cuando sobre las mesas del Club estaban abiertos los periódicos por los grandes letreros que hablaban de la muerte de Calvo Sotelo, y que traían una foto con un cadáver sobre una mesa de disección.

—¿Tú no tenías un amigo estudiante, ese del que nos hablabas que no había forma de captarlo?

—Sí, Paco Fuentes...

—¿Tienes confianza con él?

—Mucha...

—¿Dónde vive?

—En la calle Francos, en un piso de la calle Francos, casi esquina a la Cuesta del Rosario...

—Superior...

—Superior, ¿qué?

—Que superior para que te vayas allí. ¿Tienen teléfono?

—Sí.

—Mejor que mejor, ¿cómo se llama?

—Fuentes, Paco Fuentes; espérate, voy a darte el número, apunta…

Sacó Manolo González una libreta y apuntó el número. Acabó de tomarse el café, lo acompañó Guido hasta la cancela, que abrió accionando el tirador de pavonado bronce; vieron la luz y la soledad de la calle, en esta mañana de sábado veraniego sin delantales blancos y sin leguis de los chóferes.

—Vete para allí cuanto antes, que temen que haya registros o detenciones. A lo mejor ya están deteniendo gente, cuando se hayan enterado de lo de África, aunque la radio lo ha negado…

—¿Lo de África?

—Sí…

—Entonces, ¿a qué esconderse, con el sueño que tengo, Manolo?

—Pero es lo que dice la radio. No le eches cuenta. El movimiento está en marcha…

—Y a mí me coge con un sueño espantoso, Manolo, y con una resaca que no te puedes imaginar. ¿No podían haber elegido otro día que yo me hubiera acostado temprano?

—Déjate de guasa, Guido, no está la cosa para guasa. Ya sabes, la casa de ese Fuentes, y cuanto antes. ¡Arriba España!

Se quedó sorprendido: sería por la mezcla de sabores en la boca de corcho, el amargor del café, el dulzor del vino aún no remontado, y no supo reaccionar como tantas veces había hecho en el campo, cuando formó su escuadra y vino a revistarlos el Jefe, el primo de Sancho.

Manolo González se había cuadrado sobre el mármol del zaguán y allí, mirando hacia aquel frescor de las pilistras y el caño de la fuente, lo saludaba brazo en alto.

Fue entonces cuando Guido despertó completamente de la borrachera. También se cuadró, saludó brazo en alto y cerró la cancela, mientras vio cómo Manolo González casi se arrastraba por la rota columna del guardacantón de la portada y cogía calle abajo, muy pegado a la acera.

Por la otra acera, recortada en el triángulo de luz y piedra antigua de la portada, pasaba una recovera, el mantón negro y el gran canasto forrado de tela. No se daba Guido cuenta de nada, pero por vez primera habían saludado brazo en alto en el viejo caserón de los Fiori en la calle San Vicente.

En el solar de los genoveses ennoblecidos volvían a saludar a la romana.

SE VIO LUEGO GUIDO en el espejo del armario, haciéndose el nudo de la corbata de seda, que rechazó, porque no le entonaba con el gris del traje de alpaca inglesa. Abrió la puerta del armario y tomó otra corbata, azul, volvió a cerrar la puerta con luna, y se vio otra vez allí, ojeroso, pálido, sin su color rojizo que impresionara a tantas mujeres en los años de la Exposición. El movimiento en marcha, pensó, y yo aquí escogiendo corbatas...

Tomó dos pañuelos, se metió uno en el bolsillo y dobló otro para que quedara desafiantemente asomando por el bolsillo de la americana. Se acercó a la peinadora, tomó un frasco de colonia, sacó el pañuelo del bolsillo, lo empapó en aquel olor que le recordaba cuando la niñera inglesa los bañaba en la tina de abajo, y el criado afeminado se empeñaba en entrar la copa con alhucema:

—¡Ay, señorita, en Inglaterra no la pondrán, pero la copa con alhucema es muy buena para los niños! Gloria pura, señorita, a los niños hay que echarles menos colonia y sahumarlos más con alhucema, que es muy buena para la tos ferina...

Se vio a sí mismo fuera de tiempo, preparándose como para un lejano baile en casa de una prima, como en un rito amoroso de la primavera, cuando estaba en la liturgia de la sangre y del verano, habían dado el primer toque de la misa, Manolo González había venido a avisar.

No dijo adiós a nadie, ni entró al dormitorio adonde aún no habían llevado el desayuno a su madre. Al salir, notó algo más vacía de lo habitual su calle, pero luego ya vio la animación normal por el Museo, por la Plaza del Duque. Tomó la larga calle de los casinos, y le pareció volver a un tiempo ido, conforme iba viendo cómo había sombreros que se rendían con más temor que cortesía a su paso. Voces apagadas en los corrillos, preocupación. Una pregunta en el Mercantil:

—Señorito Guido, hombre, usted perdone que le moleste. ¿Usted cree que es verdad lo que dicen de África y de que aquí se trama algo?

Fingió una vez más, en la ciudad de las ficciones:

—Yo nada más que he oído la radio, y mire usted, allí dicen que el Gobierno controla la situación...

—Sí, acuérdese usted de cuando Sanjurjo, que también decían que controlaban la situación, hasta que se paseó por aquí por donde estamos hablando ahora usted y yo; que yo fui de los que salí a tocarle las palmas, ¿eh?; que conste, no se le olvide a usted, señorito Guido, que yo fui de los que le toqué las palmas a Sanjurjo...

¡Qué clásico, pensó, qué propio de aquí! Hablaban con palabras de una cosa, y en las intenciones adivinadas estaban hablando de otra. Quien viera la larga calle en aquella hora no podría adivinar adónde iba Guido Flores, ni por qué, ni de qué forma lo habían saludado en el zaguán de su casa. Quien viera por la calle a Guido Flores no habría sospechado que le abultaba el bolsillo no de fajos de billetes cobrados a un corredor de grano, sino de los cargadores de la pistola. Y que el bulto que llevaba en el bolsillo de atrás del pantalón no era la generosa cartera de las juergas en las ventas y las propinas a los cocheros y los camareros y los taxistas, sino la pistola que había pedido al padre después de lo de Sanjurjo, después de que mataran a Pedro Caravaca:

—Papá, voy a coger una pistola de las que tienes en el armario del despacho... Ya sabes cómo se están poniendo las cosas.

Cuando llegó a casa de Paco Fuentes, estaba a punto de salir a la calle.

—He quedado en ir a recoger a Rosario, quiere que vaya con ella y con su madre a por unos zapatos que tengo que comprarme para el verano, de esos de lona y material como los que tú usas...

—Pues mejor que lo dejes para otro día. ¿Está tu madre?

—No, no sé dónde ha ido...

—Vamos a entrar en tu cuarto; tengo que informarte de que no está la cosa como para ir a comprar zapatos.

Le informó sucintamente de cuanto sabía, ocultando nombres y sitios. Incluso no le dijo que era Queipo de Llano el general que había hablado con Pepe el Algabeño. Sabía de aquella incomprensible fidelidad monárquica de Paco Fuentes, y habría perdido mucho tiempo con el caballo blanco de don Alfonso en el recuerdo de aquel desfile de un Catorce de Abril en Madrid.

—O sea, que te voy a tener de huésped...

Y bromeó:

—Es para la casa de Fuentes un gran honor recibir a un miembro tan distinguido de la de Flores...

—Menos cachondeo, que voy a llamar por teléfono...

—La segunda puerta a mano izquierda, como dicen en los bares...

—No, me refiero al teléfono propiamente dicho, señor...

Y seguían con las mismas bromas de los tiempos del colegio, de las ventas, de los versos del Café Nacional.

Guido no sólo quería comunicar que ya estaba donde podría ser localizable, sino tratar de enterarse, llamando a unos cuantos amigos, como dardos tirados en el mapa de la ciudad, de la situación de las calles...

—Mira, Guido, no llames más, que donde podían pasar cosas no hay teléfonos...

—No te entiendo...

—Sí, hombre, que tendrías que llamar a El Punto, y a La Alegría de San Marcos...

—Se busca en la guía...

—¿Pero tú crees que las tabernas son el American Bar y que tienen teléfono para que llaméis los señoritos? Oiga, ¿hay por ahí movimiento de tropas? Siempre serás igual, Guido... Espérate, que voy a llamar a uno del curso que vive en el Porvenir, junto al cuartel de Ingenieros...

Llamó Paco Fuentes, buscando una evasiva ante cada empujón de alerta que le daba Guido:

—No, que como se rumorea eso de África, voy y me digo, si hay jaleo en los cuarteles, Huertas lo tiene que saber... Entonces, nada, ¿no?

Y colgaba:

—¿Tú no ves como no pasa nada, Guido? Y si pasa, o cuando pase, estáte tranquilo, que aquí nos enteraremos. ¿Por qué no subimos a la azotea?

Subieron, como en las tardes del colegio, a la azotea de las vidriadas tejas, al marquesado de torres y espadañas de Paco Fuentes. Se apoyaron en la baranda, al sol, remangadas las camisas, y la ciudad, como una mujer comprada con prisas en las madrugadas de la calle Montalbán, se les ofreció en silencio.

—¿Cómo era aquello que le decías a los otros de la clase de que todas las torres eran tuyas, para que rabiara el vaina de Guido?

—No, era que Guido era un niño litri, como los niños de los Hotelitos del Guadalquivir, sólo que marqués y del barrio de San Vicente, y que si él tenía un palacio y una armadura, yo tenía esta azotea, y me sabía cómo se llamaban todas las torres. ¿Te las digo? Verás como no se me han olvidado. Mira, aquello es San Ildefonso, Santa Catalina, San Román, San Marcos, Santa Marina, San Luis... ¿Sigo?

—Sigue otro día que haga menos calor, ¿no?

—Y que tú no tengas que salvar a España...

—Cínico, que yo creo que eres un rojo sin que lo sepa nadie, ni tú mismo... Cínico, verás tú cómo se va a acabar este desorden en cuanto suenen tres tiros. Aquí va a haber quien dé veinte duros por un agujero, Paco...

—Pues tú ya te has buscado un agujero, así que me debes veinte duros...

Y bajaron en silencio, nerviosos, la empinada escalera donde años antes había sonado la otra amenaza, infantil, inofensiva:

—¡Cateaaaaaaaa!

EL PADRE de Paco Fuentes llegó antes de lo habitual, nunca lo vieron tan preocupado, y al verlo, la madre, que estaba en la cocina terminando de organizar con la criada el almuerzo, se le echó, llorando, en los brazos:

—Hijo, menos mal que vienes... ¿Te has enterado, no? Lo de África...

—No, lo de África, no; lo de aquí...

Guido cambió, lo notó Paco. Desapareció su gesto de preocupación y cansancio. Era como si en un instante las ojeras de la borrachera de la madrugada hubieran volado como las palomas que se salvaron al amanecer levantando el vuelo entre las palmeras:

—¿Como lo de aquí, señor Fuentes?

—Sí, que dicen que hay jaleo en la Gavidia y en el cuartel del Regimiento de Granada...

—Pero ¿qué pasa?

—Los militares; que esto es otra vez como lo de Sanjurjo, váyase usted a su casa, Guido, esto es como lo de Sanjurjo...

—No es, señor Fuentes, se lo puedo asegurar...

Vio cómo desde aquel instante, en el comedor de su casa se apareció otro Guido. Era como el que lo insultaba en su deseo de quedarse con la más guapa muchacha que bajaba del tranvía en la Puerta Osario. Como el Guido que derramaba medias botellas de manzanilla sobre los maricones de las ventas. Había Guido recobrado la noble serenidad con que lo vio aparecer aquella mañana de misa de Espíritu Santo en el colegio. Se había hecho dueño de la casa de Fuentes:

—Tranquilos, vamos a sentarnos a comer, si a ustedes les parece...

Y separó de la mesa la silla donde iba a sentarse la madre de Paco, y se la arrimó una vez que se hubo sentado, tras lo cual comenzó a hablar:

—Señor Fuentes, señora... Bueno, Paco, tú ya lo sabes, qué te voy a contar. Esto no es, gracias a Dios, como lo de Sanjurjo. Esta vez va en serio, porque esta vez hay un movimiento, como el nuestro, que apoya a los militares, no son unos nostálgicos, sino que somos los que pensamos en el futuro. Se va proclamar el bando de guerra y se va a hacer una labor purificadora. Habrá un cambio de Gobierno y volveremos a poder salir a la calle las personas de orden. Y nosotros tenemos un programa social que por culpa de los partidos no hemos podido aplicar, y ésa será la base de mejoras que el pueblo quiere, el buen pueblo, no la canalla...

La madre se puso a llorar... Al padre le temblaba la cuchara llevándosela a la boca. Paco Fuentes se sentía como en la borrachera que devolvió por la chalorada ventanilla del Hispano. Le daba vueltas la cabeza y vio por un momento las palomas ensangrentadas dentro de la sopera...

Guido estuvo durante la cortísima comida deslumbrantemente cínico, haciendo frases, como Paco lo había visto en sus mejores momentos. Se les hizo brevísima la sopa, las patatas aliñadas, la pescadilla mordiéndose la cola en el fondo del plato desportillado de La Cartuja. La madre, sin ordenarlo, fue la que levantó la que se había hecho silenciosa comida:

—¡Qué raro, que ninguno queramos postre!

Y Guido —cómo lo estaba odiando Paco Fuentes en la forma como hacía sufrir a su madre con aquellos augurios de duda— no renunció a hacer la frase, siempre su frase:

—Señora, verá usted como hoy es el último día en que la República nos deja castigados sin postre a los buenos españoles...

Iban a hablar de la siesta, de si podían abrir una cama turca por si Guido quería dormir la siesta, pero entró en el comedor la criada:

—Están llamando a la cancela... ¿Abro, señora?

—Voy a ver yo —dijo el padre.

Bajó las escaleras y subió con dos muchachos que traían unos brazaletes de tela en la manga de la chaqueta, como un luto en blanco:

—Guido, estos señores, que preguntan por usted...

Se abrazó a ellos, cambiaron unas frases, dudaron:

—Bueno, os voy a presentar, la familia Fuentes... Éstos son dos correligionarios: José Ignacio Benjumea y Carlos Tello.

—Venimos a avisarte, Guido; nos dijeron que estabas aquí. Una compañía de Granada ha leído el bando de guerra en la Plaza Nueva; hemos dejado el coche en Entrecárceles para que te incorpores a nosotros...

Entró con prisa, pero sin nervios, en el cuarto de Paco, donde había dejado la chaqueta. Salió con ella puesta, y con la pistola en la mano. Uno de los que venían a por él lo calmó:

—Guarda eso, Guido, que vas a asustar a esta señora...

Los besó a todos. A Paco lo abrazó. Los de los brazaletes hicieron una inclinación de cabeza antes de coger detrás de Guido escaleras abajo...

Fuera se sentía el ruido de un avión...

NO HABÍAN terminado de oír el ruido de la cancela cerrándose cuando el padre mandó a Paco que bajara a echar el cerrojo y la tranca a la puerta de la calle. Al padre le entró como una nerviosa posesión, y cuando Paco volvió de cerrar la puerta de la calle, vio que salía del dormitorio de la cama grande con un colchón, arrastrándolo camino de uno de los balcones. La madre discutía con él, y trataba de arrebatarle el colchón, en cuya cretona celeste unos cortesanos de hilo blanco jugaban al columpio.

—Paco —le dijo el padre, asiéndose a la presencia del hijo, en su obsesión de defensa—, ¿a que es bueno poner colchones en los balcones, por si pegan tiros desde la calle?

—Pero no se escuchan tiros...

—Se tienen que empezar a oír de un momento a otro; esto está muy raro...

—Ya pondremos los colchones, si hace falta... Además, nosotros no tenemos nada que temer, padre, somos gente de orden, como se dice; el Frente Popular ni nos ha dado de comer ni te ha echado a ti...

—Y que me echen...

—Lo que tenemos que hacer es cerrar los balcones, padre...

—Sí, hijo —terció la madre—, con la calor que

hace, y a ti no se te ocurre otra cosa que cerrar los balcones...

—Pues no os vayáis a poner en el balcón como si fuera a pasar una cofradía, que os conozco... ¿No has visto lo que Guido llevaba en la mano?

—Sí, una pistola; yo ya sabía que usaba pistola hace mucho tiempo, no me ha descubierto nada nuevo...

—Pues no la lleva para tirar al blanco... Así que si no cerráis los balcones, poneos para esta parte de dentro...

—Debíamos ponernos a rezar a María Santísima de la Antigua y a la Madre de Dios del Rosario.

La madre fue a su dormitorio, al oscuro cuarto de la cama grande y las medallas colgadas del cabecero, y llegó a la salita con un rosario. Ajena a cuanto sucedía miró al techo, dio un suspiro y comenzó a recitar:

—En el nombre del Padre, del Hijo y del Espíritu Santo. Los misterios que vamos a contemplar hoy son los de gozo...

Hacía tiempo que no escuchaba Paco Fuentes rezar el rosario en su casa. Sus padres siempre lo hacían por la tarde, a la hora que él estaba perdido por la ciudad, en el cine, por el Parque con Rosario y con los compañeros de la Federación de Estudiantes Católicos. Recordó al oír a su madre comenzar el rosario sus recriminaciones de los domingos por la noche:

—¿Has ido a misa?

—Sí, mamá...

—No, no has ido; me lo dices con una desgana que sé que no has ido... A ver, ¿de qué color era la casulla del sacerdote?

—¡Y yo qué sé de qué color era...! Había mucha

gente, me tuve que poner en la parte de atrás y no se veía el color de la casulla; me arrodillaba o me levantaba por la campanilla del monago...

—Mentira, Paquito; no le mientas a tu madre, que es pecado, por lo menos venial... Y además, Paquito, que está muy feo que me tomes por una tonta y me engañes... ¿Por qué no has ido a misa? ¿A que Rosario sí ha ido?

—Sí; ella sí ha ido, con su madre... Y yo no he ido porque lo que me faltaba es que los de la FUE me vieran saliendo de misa... ¿Tú no dices que no me signifique, madre? Pues ir a misa es significarse, ir a misa de doce al Salvador, como tú quieres...

—Pero Rosario va...

—No, Rosario va al Ángel, y más temprano... Eso me parece bien. Pero lo que no me parece ni medio bien es esa ostentación que tenéis en las misas de doce, quedaros luego en la puerta, para que vean todos que vosotros sí vais...

—Hijo, no blasfemes...

—No blasfemo, madre, pienso... ¿Es que ya ni se va a poder hablar en esta casa?

—De cosas santas, sí, pero no de esas ideas tuyas, que no sé yo quién te las meterá en la cabeza. Guido, seguramente Guido, que me han dicho que todos esos de la Falange son ateos...

—Pero yo no soy de la Falange, mamá; en eso sí que soy una persona de orden, como tú dices...

Evoca ahora Paco Fuentes todo aquel mundo. Dios era de ellos. Dios estaba con ellos en la misa de doce del Salvador, donde empezaba el largo rito del domingo:

—¿Vamos a ir a la sesión vermut?

—No, no puedo, viene a casa una visita esta tarde...

Dios, aquel Dios de los rosarios y las jaculatorias, era ya de su pasado. Dios había quedado entre las estrofas del himno del colegio:

Cuando la mar del mundo
con zozobrante quilla
cruzare mi barquilla,
acuérdate de mí...

Paco coge la escalera de la azotea y evoca aquel mundo en el rosario que su madre se queda desgranando en la salita. La pregunta con la enumeración de nombres que no comprendía en el colegio de las Carmelitas, el Ripalda en su memoria, cuando aún no han empezado a sonar los tiros:

—Decid, niño, ¿cómo os llamáis? Pedro, Juan, Francisco, etcétera...

—Madre, ¿Etcétera es el nombre de algún niño?

Va subiendo los empinados escalones que llevan al lavadero, al cuarto de los chismes, al dormitorio de la criada y sin saber cómo se ha puesto a evocar la vieja retahíla que cantaban con música de la tabla de multiplicar:

Todo fiel cristiano
está muy obligado
a tener devoción
de todo corazón,
con la Santa Cruz,
de Cristo nuestra luz,
pues en ella quiso morir,
por nos redimir

de nuestros pecados
y librarnos
del enemigo malo...

¿Quién era el enemigo malo? ¿Había enemigo malo? ¿No podía haber enemigos buenos? Los de la FUE, algunos de ellos, Pepe Osuna, ¿no eran enemigos buenos? Los que tanto insultaba Guido después que los viera aquella tarde en la Plaza, ¿no eran enemigos buenos? ¿Por qué los habían educado para la violencia, para el bien y el mal, para las dos banderas?

Y salía ya Paco Fuentes a la azotea, y otra vez se le aparecía la ciudad en calma, con las invisibles fronteras que él solo conocía. Para los que a aquellas horas estuvieran en los corrales, en las casas con geranios y pregones de la Cruz Verde, de la calle San Luis, ¿quién sería el enemigo malo? Y todavía le parecía escuchar a la madre, abajo, en la salita, persignándose antes de comenzar los misterios gozosos del rosario, tocas de las carmelitas, concursos de catecismo en Villasís, musiquillas que otros compañeros enseñaban por los corrales en las tardes de los jueves, las catequesis por aquellos tejados que ahora ve a lo lejos, cuando ya ha dejado de escucharse el avión que se oyó antes y todo está en calma de siesta y calor de julio:

Y por tanto
se ha de acostumbrar
a signar y santiguar
haciendo tres cruces.
La primera en la frente...

Escuchó Paco Fuentes aquel disparo. Sonaron los primeros tiros. Era cerca. Tenía que ser por la Plaza, por el Duque...

En la calle Tetuán habían tiroteado el coche de donde salieron de Entrecárceles Guido, José Ignacio y Tello, camino de la División. Dentro de aquel coche, José Ignacio ya iba muerto cuando doblaron la esquina de La Fiambrera y unos guardias de asalto corrían con la tercerola en la mano por la acera.

YA NO SE DEJARON de oír los tiros en toda la tarde, y habrían de seguir durante muchos días. Subió el padre, al oír el tiroteo lejano:

—Paco, Paquito, que dice tu madre que bajes, que es un contradiós estar aquí arriba...

—Mira, es en la Plaza Nueva. ¿No los ves allí arriba, en la torre de la Telefónica?

—¿El qué? Chiquillo, venga para abajo, que te va dar una insolación o te van a pegar un tiro...

—Si es en la Plaza Nueva, mira, mira, ahora se meten para adentro...

Y el padre vio cómo en la alta ventana de la ladrillería se veían unas figuras vestidas de azul que se asomaban y se retiraban...

Bajaron, pusieron la radio, sólo lograban captar zumbidos y estaciones extranjeras.

—Paquito, hijo, ¿tú no entendías el francés? ¿Qué dicen?

—Callarse...

—¿Qué dicen?

—Que van a poner un tango...

—Sí, menudo tango...

Y la radio repartía su inquietud por la salita, el mundo detrás de la funda de cretona con una ventanita con botones para dejar ver la aguja del dial:

—*Écoutez maintenant «La Comparsita»...*

Y sonaba el viejo tango, a media luz en la siesta del miedo, y el bandoneón entre zumbidos de lejanas ondas acallaba la ametralladora que, como una lejana cigüeña haciendo el gazpacho con el tableteo de su pico en una desamortizada espadaña conventual, se oía, lejana, desde la calle Granada.

Y SEGUÍAN LOS REZOS de la madre, ya sola en una butaca desgranando la letanía, Consolatrix aflictorum, Ora pro nobis, Auxilium peccatorum, Ora pro nobis, y padre e hijo trataban inútilmente de fijar la aguja del dial de la radio de modo que surgiera una voz que no fuera aquella jaca galopando y cortando el viento caminito de Jerez.

La madre salió de pronto de sus rezos:

—Llama a Tomasito, que vive en la calle Granada...

—¿Cómo dices?

—Que llames a Tomasito...

—Si no han cortado el teléfono...

—Pues mira a ver si lo han cortado, que estáis ahí como si fuera a salir Casares Quiroga en persona a deciros algo. ¡Qué hombres!...

Y seguía ajena, ahora ya otra vez con los misterios gloriosos, de otro rosario, otros suspiros, otras incomprensibles palabras:

—Un cafelito, nos debíamos tomar un cafelito...

—Pero ¿qué hago? ¿Llamo a Tomás o no llamo a Tomás?

—Llámalo, hijo, llámalo, que por el teléfono no te van a dar un tiro.

—Descuelga, Paquito, mira si da línea...

Lo descolgó, la guía colgada de la alcayata en los azulejos, y miraron el número de Tomasito. Paco Fuentes tuvo humor para comentar:

—Lo estará viendo en primera fila de barrera...

Habló el padre. Paco se puso al lado, y podía oír la voz, chillona y nerviosa, de Tomás, el abogado cuyo balcón habían mirado con envidia aquella tarde del lejanísimo día de la proclamación de la República. Colgó en seguida.

—Tomás está que no da pie con bola. Sólo me he podido enterar que hay soldados por la Plaza, y que están disparando contra la Telefónica, donde están los asaltos. Que han cerrado las puertas del Ayuntamiento y que les parece que vienen más tropas, que están emplazando un cañón y que quieren disparar contra el Gobierno Civil. Que a un soldado le han dado un tiro en una pierna y que lo tienen allí abajo, en el zaguán, y que me ha dicho que cuelgue, que subía un sargento a llamar para yo no sé...

—Vamos a llamar a casa de Rosario, que vive en la calle Palmas y allí tienen que estar enterados. La División está al lado...

Pero no pudieron llamar. Sordo, seco, un disparo de cañón había roto el calor de la tarde, los rezos de la madre:

—Ave María Purísima...

—Sin pecado concebida...

—¿Qué ha sido eso?

—Será el cañón que decía Tomasito...

—Yo voy a subir a la azotea...

—Niño, tú no te mueves de aquí...

—Que sí, mujer, déjalo que suba.

—Y Guido, ¿por qué no llamas a casa de Guido?

—Cualquiera sabe dónde está Guido a estas horas.

Subió otra vez a la azotea. El sol ya empezaba a bajar y fue menor la bocanada de calor que le dio en la cara cuando abrió la puerta, hinchada por tantos inviernos de lluvias y humedades, que se atrancaba en su abombamiento. Se puso en el pretil y vio cómo en muchas otras azoteas manos que protegían ojos del sol observaban el mismo inquietante horizonte de tiros. Sintió dos disparos más de cañón, que venían de la Plaza Nueva, y oyó por la Cuesta del Rosario y por el Salvador motores de coches, chirridos de ruedas, carreras. Por uno de los callejones cuyos adoquines quedaban a la vista en el quiebro de una barreduela y de los cercanos palos de la antena de una radio, vio un hombre que caminaba parándose y dando carreras, con un pañuelo alzado por una mano, la otra midiendo los recovecos de la cal de los zaguanes. No vio a nadie más. Ya habían desaparecido las lejanas siluetas azules en las ventanas de la torre de la Telefónica. La ciudad estaba en un extraño silencio. Paco Fuentes miró sus queridas torres: San Julián, San Marcos, Santa Catalina, las dos agujas gemelas y brillantes de cal y almagra de San Ildefonso...

Lo sacó de la contemplación la voz de la criada en la puerta de la azotea:

—Señorito Paco, que pregunta por usted al teléfono don Carlos García.

Bajó sudando y cogió el aparato, que habían dejado oscilando en el negro cordón, plomada del miedo y la incertidumbre de rezos y zumbidos de la radio, desgranando violines y bandoneones ajenos a aquellos tiros, a aquella ciudad que comenzaba a quedar partida en sus dos viejos mundos enfrentados; de allí, de todas aquellas torres, salían las cofradías de barrio, bullangueras y sonando a charanga, en las que ellos nunca se habían vestido de nazarenos.

Carlos García, muy nervioso, estaba al otro lado del teléfono. Se olvidó de los tiros, de los cañonazos del Gobierno Civil:

—¿Y Rosario, Carlos? ¿Está ahí Rosario? Dile que se ponga...

—Ahora se pone, Paco, tranquilo.

—No, yo estoy tranquilo, tranquilízate tú...

—Todos estamos muy tranquilos, Paco; estamos aquí todos; no te preocupes, Rosario está rezando con mi madre... ¿Qué sabéis ahí?

—Que están bombardeando la Plaza Nueva, ¿no habéis oído los cañonazos?

—Sí, los hemos oído. ¿Y qué pasa?

—No lo sabemos. Y tú ¿qué sabes? ¿Qué veis desde ahí? ¿No se ve desde ahí el cuartel de Soria?

—Sí, pero a lo lejos. Están pasando muchos coches, y un camión muy raro de los de Asalto, van como para la Alameda. Y también pasa gente que yo conozco de la FEC, con unos brazaletes, y con correaje de soldados y fusiles. Dicen que en el cuartel les están dando fusiles a los que se presentan... ¿Por qué no vamos?

—Ve tú si quieres, Carlos, yo no me muevo de aquí... ¿Has visto a Guido?

—No, si sólo es lo que hemos visto unos y otros en los balcones. Hemos tendido unas mantas en el suelo y nos estamos asomando, para que no nos vean, tirados en el suelo. Miran mucho para los balcones, y van con los fusiles apuntando para arriba, pasan todos como para la Alameda, dicen que allí están los de Asalto con más camiones, y que van a venir para acá... Te dejo, Paco: mi padre dice que cuelgue, no vayan a cortar la línea...

—¿Por qué van a cortar la línea?

—Dicen que están en la Telefónica para cortar las líneas, que por eso están pegando los cañonazos. He hablado ya con mucha gente del curso; Paco, es magnífico que te vayan contando la guerra por teléfono...

—¿Qué guerra, Carlos?

—Esta guerra, esto es la guerra...

—No, Carlos. Esto es que quieren quitar el Gobierno, me lo ha dicho Guido...

—¿Está ahí Guido?

—No, ya se fue...

—¿Pero ha estado ahí?

—Sí, vino esta mañana. Comió con nosotros y después vinieron a recogerlo. Llevaba la pistola en la mano...

—¿Cómo?

—Que llevaba la pistola en la mano y...

—Bueno, adiós, que tengo que colgar. Espérate, que suenan más coches en la calle... ¡Adiós, Paco!...

—¿Y Rosario? Dile a Rosario que se...

Había colgado. Paco Fuentes contó como pudo aquella sucesión de fugaces coches que pasaban y de mantas tendidas en los balcones. El padre vio el cielo abierto:

—Eso es lo que tenemos que hacer, mujer, poner una manta en el suelo y asomarnos agachados al balcón...

—¿Pero qué vas tú a ver desde aquí?

—Algo se verá, mujer, desde ahí se ve hasta la calle Dados...

Sacaron las mantas y las tendieron en el suelo del balcón, extendidas hacia dentro de la casa, como cuando otros días del verano hacía tanto calor por la noche que tenían que dormir allí. Después de mucho mirar que no pasaba nadie por la calle, ni se escuchaba ningún coche por la esquina de la Cuesta del Rosario, salió Paco y bajó las persianas, echándolas por encima de la baranda de hierro. Se tumbaron, y entre el trenzado del herraje del rodapié se les aparecía un trozo del final de la calle, los escaparates de las tiendas que no tenían cierres metálicos, el vacío de los adoquines de la Plaza del Pan, sin pregones y sin mujeres mirando las vitrinas de las platerías, las tiendas de exvotos de cera, la gorrería con los canotiers pasados de moda y los gorros cuarteleros...

Cuando por fin encontraron en la cortinilla de cretona de la radio que la estación local había empezado a emitir, ya era casi de noche:

—Es Unión Radio, es Unión Radio, por fin...

—Cállate, mujer...

Y la voz dejaba caer sobre el tresillo y sobre las mecedoras con pañitos de crochet el punto de cruz del bando:

—*... toma a su cargo la dirección del país para entregarlo más tarde, cuando la tranquilidad y el orden estén restablecidos, a los elementos civiles preparados para ello. En su virtud y hecho cargo del mando de esta División, ordeno y mando: primero, queda declarado el estado de guerra en todo el territorio de esta División. Segundo, queda terminantemente prohibido el derecho a la huelga. Serán juzgados en juicio sumarísimo y pasados por las armas los directivos de los sindicatos...*

Habían callado los rezos, y de la acera de frente, otras persianas, otros balcones abiertos a la calina del atardecer, otras bombillas prematuramente encendidas bajo las lámparas de damascos rojos y lágrimas de cristal, se oían como un eco las palabras del locutor. Todas las radios del barrio se habían encendido, y marcarían ahora el mismo punto de angustia las agujas rojas, las agujas que imitaban como un reloj rococó, las agujas blancas sobre celosías de maderilla negra.

Caía la tarde, y la breve luz del dial iluminaba las lágrimas en los ojos de la madre... Después, por el altavoz se empezaron a oír unas trompetas militares.

Paco Fuentes, por vez primera en aquella larga tarde de solana de la azotea, lejanos tiros y teléfono, sintió miedo. Sin saber cómo, se encontró tumbado sobre la manta, asomado al balcón, mirando a la calle vacía, y rezando, como hacía muchos años que no lo hacía, aquel lejano mundo del colegio que vio arder una madrugada, cuando alguien lo llamó por su nombre en la sala de visitas:

—*Señor mío Jesucristo, Dios y Hombre verdadero, Creador Padre, Redentor mío, por ser vos quien sois, y porque...*

Tumbado sobre la manta, sudando, con los tambores resonando desde los altavoces de muchos balcones abiertos, no podía darse los golpes de pecho del *pésame, Señor...*

Y LE PARECÍA A PACO FUENTES que el tiempo no había pasado, que otra vez estaba en aquella lejana noche de mayo, cuando bajó la criada de la azotea:

—Señora, señora, se ve salir mucho humo...

Estaba ya casi anochecido. Por detrás del Cerro de Santa Brígida, por donde el río hacía la amplia curva hacia el camino de los vapores de ruedas de paletas que le enseñara el difunto abuelo Torres, el sol formaba candilazos rojos entre las pocas nubes. Mirando hacia el otro lado, hacia el llano de olivares, con los cabezos de los Alcores en amarillo a lo lejos, Paco Fuentes vio las humaredas. El padre no salía de su asombro:

—Hijo, pues eso no es que estén quemando rastrojos...

Levantó Paco el mapa sentimental de su ciudad a través de aquellas humaredas. Aquello era San Marcos, aquello era Santa Marina, aquello era San Gil, San Román, San Roque... Amadas, viejas torres de atauriques y campanas, ocultas ya por la oscuridad y la humareda, por el resplandor de las llamas. De un lado a otro de la calle, azoteas, balcones abiertos, escaleras de hierro trepando hasta las miras, patinillos, ventanas en las medianeras, la ciudad hablaba. Sonaban más tiros, ahora más lejanos, y olía a humo a lo lejos:

—Están quemando las iglesias, como la otra vez...

—¿Quiénes?

—Los anarquistas...

—No, me han dicho que son los soldados...

—¿Cómo van a quemar las iglesias los soldados, mujer? Ni que estuviéramos locos...

—Es que estamos locos. He hablado con una prima mía que vive en San Julián y dicen que han levantado los adoquines de las calles, y que están haciendo barricadas...

Paco Fuentes se quedó mirando aquellas humaredas, ya imperceptibles en la noche que avanzaba, oía las voces en camiseta de las azoteas cercanas; qué lejos estaba aquella otra ciudad por la que no se atrevían de niños a andar solos, que las pandillas los apedreaban. Qué lejos los corrales, las estrechas calles por donde iban en el tranvía cuando daban la vuelta a la redonda, qué lejos las murallas de jaramagos y gatos, y las tabernas de serrín y olor a amoniaco de los días de Semana Santa, qué lejos aquellas tardes que se acercaba a las puertas ojivales a ver los brazos de los Crucificados salir, rozando las puntas de diamante en piedra, izquierda alante, derecha atrás, a tierra todos por igual... Ahora aquella ciudad que Paco Fuentes amaba y que no le pertenecía estaba en armas, levantaba en barricadas los adoquines de repiar el trompo, de mearse en las junturas para coger zapateros, de poner el peligro de la billarda y darle con el mocho, me vas a saltar un ojo y me vas a tener que poner un estanco...

Por sus barrios de cofradías serias y con largas túnicas de cola, por sus barrios de versículos del Miserere, misa de doce en El Salvador y paquetitos de petisúes de la Granja Victoria, los soldados patrullaban por las calles, los largos fusiles africanos apuntando hacia los balcones, donde las gentes de orden, en camiseta, con las radios puestas, allá por tierras de moros, allá por tierra africana, un soldadito español de esta manera cantaba... Donde las gentes de orden, de balcón a balcón, de salita a salita, iban contándose aquella absurda historia de camiones y escopetas, de correajes y brazaletes, de besos en el zaguán y heridos en la casa de socorro del Prado, voluntarios y pistolas, y más marchas en la radio, el viejo himno de la lujosa jura de bandera de los soldaditos de cuota, ardor guerrero vibra en nuestras voces...

Y habría otros barrios, otros balcones, otros corrales, con otros heridos, con otras camisetas, con otras mantas en la noche de poco dormir y mucho suspirar. Paco Fuentes lo adivinaba desde las altas macetas de la azotea, aquello es Santa Marina, aquello debe de ser San Román, sí, es San Román. Una ciudad de hambre y de sombreros de palma, de adoquines de las cañitas cortadas a navaja para que se posara el rojo aletear de los zapateros sobre el leve charco de la meada. Y allí no habían llegado los soldados, allí querría llegar Guido con su correaje y con su mosquetón, al Corral de la Pacheca, a que lo reconociera la vieja de los contadores del zaguán, a cobrar rentas que ya no le habrán de pagar en el reservado de ninguna venta.

Ellos rezaban en este lado de la ciudad, palmeras y escudos de piedra, delantales de criadas trayendo tazas de tila y copas de Jandilla, y la radio sonaba para todos. Y allí, al otro lado, detrás de los tejados, de las miras, de los patinillos, de los adarves empedrados, humeaban las iglesias. Paco Fuentes se acordó de las cuatro esquinas, del juego que hacían en la calle cruzada de carretillas de tiendas con piezas que venían de Sabadell, de mozos de cuerda llevando fardos a las posadas donde paraban los cosarios, ¿tiene usted candela?, por allí jumea...

Por allí jumeaba aquella ciudad que Paco Fuentes adivinaba en sus torres. Por aquí, por las radios abiertas a los balcones de persianas echadas, sonaban las jaculatorias y el Himno de Infantería.

Decididamente, Paco Fuentes pensó una vez más que aquel Dios que le habían enseñado a temer en el colegio, vivía por aquí, no por allí. Que Dios vivía en el centro de motores de camiones y fusiles apuntando al cielo. Si bajara a la salita y llamara por teléfono, quizá podría hablar por teléfono con Él y contarle el miedo y las ganas de vomitar que sentía.

HASTA EL LUNES no se atrevieron a salir a la calle. Tenían ya una idea más aproximada de lo que había pasado. Sublevados los cuarteles, el general sólo había podido dominar el centro de la ciudad. Paco Fuentes oía los relatos atemorizados y veía España entera reflejada en cuanto lo que sus ojos abarcaban desde la azotea. Era como si el Gobierno de Madrid estuviera en cualquiera de aquellas torres a las que aún no habían llegado los soldados. ¿Eran dos patrias la suya? La ciudad estaba partida. Ya habían cortado el teléfono, y no podía llamar a aquellos compañeros que había apuntado en un papel, calle Macasta, calle Divina Pastora... Aquel otro mundo quedaba al otro lado de las barricadas.

Su padre se había presentado muy gozoso con una ristra de chorizos de guisar:

—Esto es lo que he podido conseguir, las tiendas siguen cerradas...

—Si esto es la guerra, es que no os acabáis de enterar. Tenemos un frente dentro de la ciudad, padre, no os acabáis de enterar.

—¿Te lo ha contado Guido?

—No; he ido por el Club, y le he dejado aviso...

—¿Pero has podido llegar hasta el Club?

—Sí, por aquí está todo tranquilo. Pasaban camiones con moros...

—¿Con moros, hijo?

—Sí, con muchos moros. Y los de la Falange se han puesto la camisa azul que usaban en el campo, cuando iban a hacer prácticas de tiro...

—¿Pero hacían prácticas de tiro?

—Sí, Guido iba muchas tardes... ¿Y tú te acuerdas de los Barrau, los dueños del Teatro San Fernando?

—Sí, el que se ha dejado las barbas como... ¿Cómo se llamaba aquel general de las guerras carlistas, que mi abuela me lo contaba?

—Como Zumalacárregui... Bueno, pues este de las barbas, creo que se llama Enrique, y el otro, Leoncio, estaban en la puerta del cuartel de Granada, formados, como para un desfile. Y algunos de la FEC estaban allí vestidos de soldados...

—¿Los de la FEC vestidos de soldado, hijo?

—Sí, y este Barrau, Enrique creo que se llama, de teniente o de capitán, con gorra y todo. Y había con ellos uno con gafas y con un fajín azul, sería un general, que estaban contándolos...

—Los del fajín azul son de Estado Mayor, hijo...

—¿Cómo?

—Que los del fajín azul son de Estado Mayor. Ése que tú dices sería uno de Estado Mayor... Yo he visto a otros en un coche, por la calle Tetuán, y un tranvía, ¿dónde iría aquel tranvía? ¿Tú has visto andar a los tranvías?

—No, nada más que he ido al Club, a preguntar por Guido, y le he dejado allí razón. Había dos más de allí, vestidos de Falange, con correaje y con un mosquetón. Me estuvieron enseñando dónde habían dado las balas de los guardias de asalto el sábado. Allí había habido un tiroteo con una camioneta de Asalto...

Y el taxi. No lo contó Paco Fuentes, pero no se le quita de la cabeza el taxi que ha visto, las puertas abiertas, las ruedas pinchadas, en la Plaza de San Francisco. Venía ya de vuelta, y al ver el bullicio pensó que algo podría suceder, por lo que sacó el pañuelo y se lo colocó, alto, en la mano, los dos brazos arriba, pegado a la acera del banco, sin atreverse a llegarse a la Plaza para mirar, como pensaba, los agujeros que le habían dicho que los cañonazos habían hecho en el hotel Inglaterra, en su trayectoria hacia el Gobierno Civil.

Se acercó, y se guardó el pañuelo otra vez en el bolsillo, que vio que estaban mirando un taxi. Los transportines, plegados en su alfombrilla marrón, estaban llenos de sangre, como el asiento del conductor. La luna de atrás estaba rota, y en uno de los cristales pudo ver la perra chica astillada de un disparo. Estaba allí desde el sábado. Oyó que lo dejaban como escarmiento, que no lo querían retirar. Que dentro iban cinco pistoleros de los barrios, y que los cinco habían muerto.

Fue su primera imagen de la guerra. Pensó en la pistola con que Guido había salido de su casa, otra vez volvió a entrarle miedo, miró hacia la calle de los casinos y la vio vacía, como los amaneceres que pasaban andando, cuando volvían de La Vinícola, como cuando eran los días de Semana Santa y volvían tarde de ver entrar alguna cofradía, los zapatitos recién estrenados el Domingo de Ramos resbalándose sobre la cera que las pisadas aún no habían ennegrecido.

Oyó a una mujer con un canasto, que hasta metía las manos dentro del taxi, tocando la tapicería de los asientos, viendo si aún manchaba la oscura sangre reseca:

—Para que quemen iglesias, lo tienen merecido, que nos estaban llevando al caos.

Otra vez odió a su ciudad querida y se alejó del grupo, cogiendo el frescor de la sombra de la calle Chicarreros, cerrados los bodegones, cerrada la zapatería donde le habían comprado los botos la feria que, de niño, lo habían vestido de flamenco.

Ya habían tomado San Marcos y San Julián, ya era una voz familiar la del general por la radio, y ya sabían que estaban en guerra, cuando una mañana apareció Guido por la casa. Habían vuelto a circular los tranvías, estaban los moros, y los guardias cívicos, y los falangistas, y los soldados; y los oficiales retirados por la Ley Azaña, de uniforme. Y se habían vuelto a abrir algunos cierres de la Plaza del Pan, y escuchó a la criada que llegó contando la historia:

—Señora, ¿se acuerda usted de Manolito, el dependiente de la tienda de comestibles de la calle Córdoba?

—Sí, el moreno...

—No, ése es Navarro. Yo digo el otro, el más bajito, un niño.

—Sí, ¿qué le ha pasado?

—Pues lo han matado...

—¿Cómo que lo han matado?

—Sí, me han dicho que era de la CNT; yo no lo sabía, y que lo mataron el día que entraron las tropas por la calle San Luis. Fíjese usted, lo poquita cosa que parecía, y estaba en una barricada...

—¿En una barricada? Ave María Purísima...

—Pues al pobrecito lo han matado. Me lo ha dicho el dueño, ¿sabes a uno que han matado en las barricadas?, a Manolito. Por meterse donde no lo llaman...

Había ido conociendo historias de la madrugada del humo y los tiros, de los angustiosos días que siguieron, rezos de la madre, el padre pegado a la radio, garbanzos al mediodía y garbanzos por la noche, que no podían comprar otra cosa, en pleno verano y las siestas de garbanzo asqueándole su tierra partida en dos, mañana dicen que van a tomar San Marcos, que ha venido la Legión, ha habido un desfile en el Cristina... Y no se imaginaba los gorros cuarteleros, y los tatuajes, y las botas-alpargatas, y los leguis, y las chaquetas blancas de hilo con los brazaletes en las mangas, y las camisas azules, y los correajes sobre las chaquetas de alpaca, sino el Cristina de su infancia, la bouganvillia que trepaba por las columnas de la pérgola por donde salían corriendo para ver los barcos pasar, negras chimeneas con el humo de la Vasco Andaluza, el olor de la mano cuando la pasaba por los arriates de arrayán.

Fue conociendo la historia de aquellos días: la llegada del general a la División, el turbante de los moros, sus extraños pantalones con los fondillos que les arrastraban casi hasta las alpargatas, los mantones negros sacados de las cómodas de los barrios. Y vio más partida que nunca a su ciudad, no se atrevió a adentrarse por las calles estrechas con los adoquines levantados, las sábanas blancas colgadas en los balcones, un sombrero de palma que había estado en una barricada roto y manchado de sangre en un rincón donde olisqueaba un perro, y aquella nueva, calurosa mañana de Jueves Santo, qué ciudad la suya, qué ritos los de quienes días antes estaban muertos de miedo, en camiseta, con la radio puesta, en los balcones con las persianas echadas.

Era como una mañana de Jueves Santo, pero con calor, con moros por las calles y con los tranvías circulando. Iban a ver San Marcos, y a ver San Ramón, y a ver Santa Marina. Iban a visitar los sagrarios, a olvidar los días en que aquella parte de la ciudad había mandado al Ayuntamiento unos hombres con chalecos, con grandes sombreros flexibles. Miraban ahora las puertas por las que se veía el azul sobre las naves, las columnas apuntando al cielo, y Paco Fuentes observaba, qué desgracia la suya, observaba que no hablaban de los Manolitos, de los que habían estado en las barricadas. No hablaban de que habían visto mujeres que en pleno verano habían sacado de las cómodas los mantones negros y los velos de luto. No hablaban de los sótanos de la Plaza de España, allí donde cuando lo de julio del treinta y uno había caído muerto El Cojo de los Pestiños. No hablaban del cine Jáuregui, ni de la comisaría de la calle Jesús del Gran Poder, ni de las tapias del cementerio, ni de la cárcel, que Guido había ido a ver si ya habían soltado a Joaquín Miranda y a los otros camaradas, claro que los habían soltado, la mañana que fueron con Ramón Carranza a tomar la Ciudad Jardín, y se cruzaron con los dos furgones celulares que entraban, ahí van los de Santa Catalina...

Le van diciendo a Paco Fuentes la geografía entera de su ciudad, y ve las fotografías. Han vuelto a salir los periódicos, menos El Liberal, El Liberal no ha salido, el director está preso, hijo, ¿cómo quieres que en estas circunstancias salga El Liberal?, qué preguntas de bombero tienes. Ve las fotografías de esta nueva visita de sagrarios que le cuentan, somieres sobre los adoquines de las barricadas, maderas rotas, sacos. Y piensa en los muchachos que lo apedreaban cuando, de niño, se aventuraban por aquellos barrios, una parte de la ciudad contra la otra siempre, a advertir a los cocheros que aquellos niños de San Marcos, donde ahora todavía están las barricadas, y los dorados retablos quemados, que aquellos niños de San Marcos se habían subido detrás del milord de punto, y marchaban ocultos entre la aletas de las dos ruedas de atrás, asidos al eje, y aún le suena en la memoria el grito con el que denotaban que vivían en el centro, que estaban en el colegio de los Jesuitas:

—¡Cochero, látigo atrás!

CUANDO AQUELLA MAÑANA apareció Guido por casa de Paco Fuentes ya habían tomado los barrios, ya conocía las sangrientas historias de los mantones que tardará mucho tiempo en poder contarlas. Sentía Paco más insatisfacción de la que solía tener cuando terminaba de releer un poema que no le había gustado. Se emocionaba cuando por la radio seguían sonando las marchas militares, y se escuchaba la voz del general. Pero no olvidaba las torres de la madrugada entre humos, no se le apartaba de la imaginación Manolito, el dependiente de El Istmo, con su babi, lo imaginaba en las barricadas que ahora ha visto, rotas y conquistadas por la Caballería, por la Legión, por el Requeté, por los falanges de Guido. Eran sentimientos contradictorios, su madre rezando, su padre descorchando media botella de Jandilla a la salud del general. Amaba y odiaba a aquella ciudad que bebía por los generales y que visitaba iglesias hundidas por los incendios, de la que salían camiones con himnos y fusiles que iban a tomar los pueblos, a la que llegaban legionarios de Cádiz, de Tablada, en la que le hablaban de compañeros de curso que se habían presentado en el cuartel de Soria y estaban ahora en los camiones, camino de Aznalcóllar, camino de La Rinconada, camino de Lora del Río.

Estaba leyendo los periódicos que había traído el

padre, que volvía muy temprano de la oficina, llegaba, firmaba para demostrar que era adicto al Movimiento y se volvía, con los periódicos, pero sin rueda de calentitos:

—Salve usted a España para que no pueda comprar calentitos en la Magdalena... Hasta que no abran otra vez los puestos de calentitos es que no se habrá normalizado de verdad la situación, Paco...

Paco Fuentes veía a su padre más alegre que nunca, la copa de Jandilla en la mano cuando la radio, una vez más, repetía el último bando, y le hacía considerar las palabras que admiraba:

—Eso, eso es lo que hacía aquí falta, Paco, *ordeno y mando*... Así es como únicamente se puede gobernar esto, Paquito, *ordeno y mando*, ni tu CEDA ni nadie. *Ordeno y mando*...

Allí estaban cuando apareció Guido, y se llenó de camisa azul y de correajes toda la salita. Dejó el fusil junto al mueble sombrerero de la entrada y los abrazó, antes al padre y luego a él. Era el mismo de siempre, y les palmoteaba las rodillas cuando se sentaron y dejó sobre el tresillo el gorrillo cuartelero azul ribeteado en rojo...

—Aquí me tienes, en nuestras milicias...

Les fue contando su historia de aquellos días. Supo entonces Paco Fuentes que aquellos primeros disparos que oyó el sábado de los tiros y los cañonazos habían sido contra el coche en que recogieron a Guido:

—José Ignacio murió como un héroe... Es nuestro primer mártir...

Después entraron en la salita las barricadas de Triana, y los nocturnos servicios a Heliópolis, a la calle Jáuregui. Notó de extraño Paco Fuentes que Guido no les hablara de cuando la Caballería cruzó el Arco de la Macarena y entró por la calle San Luis, hacia el Hospicio. Ni de cuando los requetés de Barrau habían dado la vuelta por la ronda, como quien toma un tranvía en el verano para dormirse con la fresquita de la noche, para entrar por la Puerta Osario hacia San Román... Sí les habló del Club, de José Ignacio otra vez muerto en el coche, antes de que llegaran a la esquina de La Fiambrera. Les describió cómo los había felicitado el general, cómo habían entrado con Ramón Carranza en la Ciudad Jardín, en Nervión, en San Bernardo...

—Hemos establecido un cuartel para nuestras milicias, frente a la entrada de gallinero del Teatro del Duque.

Paco Fuentes bromeó, a pesar de cuanto estaba escuchando:

—Así te coge cerca...

—¿No íbamos a los cabarets cuando estábamos vigilando los conventos de monjas? ¿Pues qué malo tiene que hayamos puesto el cuartel frente a La Vinícola y al Teatro del Duque? Te debías apuntar, Paco...

—¿Dónde? ¿Apuntar yo a qué?

—A nuestras milicias...

—Tú déjate, que yo lo que quiero es que normalicéis esto, como dice la radio, para votar otra vez a la CEDA y a ver si en setiembre apruebo lo que me queda.

—¿Y Rosario?

—Tan guapa como siempre...

—Pues Carlos se ha apuntado a nuestras milicias...

—¿Carlos?

—Como te digo... Te debías apuntar, antes que te llamen...

—¿A mí? ¿Llamarme?

—Sí, van a empezar a llamar quintas; los rojos han desmembrado el Ejército y hay que llamar a las quintas, y la tuya será de las primeras. Por eso mejor que te vengas voluntario a Falange...

—Y tú allí, ¿qué haces?

—Servicios especiales...

—¿Eso qué es?

—Servicios de confianza...

—O sea, que no tienes que pegar tiros, ¿no? Entonces, ¿a qué viene tanto gorro y tantas cartucheras?

Notó Paco Fuentes algo extraño en la voz de Guido, como si no quisiera contarle su guerra, en aquellos días en que todo el mundo decía cuanto había visto y referido. Notó Paco Fuentes que Guido, sin que se dieran cuenta, con aquel dominio que siempre había mantenido sobre él, había cambiado el tema:

—Pues vengo a recogerte para que vayamos a tomarnos unas cañas al Club... Todos estamos movilizados, allí han organizado unos cuantos la Policía Montada...

—No, te acompaño hasta la calle. Tengo que ir a la Biblioteca...

—¿Bibliotecas ahora? Si la Universidad está cerrada todavía, qué vas a ir a la Biblioteca. Antes tendremos que ver qué hay allí...

—¿Cómo dices, Guido?

—Nada, que te vengas al Club, verás lo que cuentan, qué tíos más bragados, qué cojones...

Se despidieron en El Salvador. Unas mujeres con ostentosos velos, libros de misa y rosarios en las manos, como hacía mucho tiempo no recordaba Paco Fuentes ver por su barrio, entraban orgullosamente en la iglesia.

No se había dado cuenta que otra vez estaban sonando las campanas.

HABÍA COMO VUELTO el tiempo atrás para Guido, y le quedó tiempo y ganas de figurar como para ir al sastre, a que le cortara unos pantalones breeches negros. Había visto que en el Club muchos vestían la camisa azul con pantalones breeches y botas altas, y que en el correaje y el gorrillo cuartelero medían la presunción de las aceras. Con algunos amigos así ataviados, habían ido a hacerse unas fotografías ante las barricadas de San Marcos, antes que las quitaran.

Iban así vestidos por el Miami, por el American Bar, se paseaban por la larga calle de los casinos, salvadores de su tierra en la altanería del gorrillo y el correaje, del fundón de la pistola ahora no oculta, braceando al sol del verano, una mancha azul entre las chaquetas blancas de los sillones de mimbre, del luto de los brazaletes negros que llevaban los que habían empezado a repartir el pan, a despachar en las tabernas, a arrastrar por las calles las carretillas de siempre.

Iban al Club, y después hacían los servicios en el cuartel que habían habilitado en el caserón requisado de la Plaza del Duque, y se sentían héroes oyendo las cercanas trompetas del cuartel de Infantería. A Guido le tocó ir, con columnas de camiones y coches de las primeras requisas, a algunos pueblos. Los habían convertido en guardia cívica. Llegaban y siempre era el mismo panorama de sábanas en los balcones, brazos en alto con las camisas remangadas, niños que los miraban con asombro desde los zaguanes. Guido quedó impresionado por la mirada de un niño en Cantillana, cuando otros camaradas de la escuadra se llevaban al padre hacia el «Balilla» que esperaba al final de la calle, y cuando iban a tener servicio en un pueblo iba a La Nueva Paz y compraba caramelos. Y cuando lo miraban otro día otros ojos de otro niño en otro portal, sacaba los caramelos, Rey Mago llegado el mes de julio con el mosquetón y las cartucheras:

—Toma, hijo mío, tu padre vendrá en seguida...

Era como una larga madrugada en un reservado, el coche por las carreteras de los pueblos, cruzándose con los camiones de moros, de legionarios, de requetés, de soldados que venían de liberarlos, himnos y canciones, fusiles saliendo de la caja de los Fords, cartucheras en los estribos:

—No hace falta que vayáis, aquí no os hemos dejado faena...

Y se reían, y Guido pensaba en las palabras oídas al Jefe en el Frontón Betis, y lo que en el Club les decía Sancho.

—¿Pero es que nos tienen que dejar a nosotros lo más sucio? ¿Pero es que nunca vamos a ir al frente en primera línea?

Habían tomado Coria, La Puebla, la banda del río que en otro tiempo le llevaba entre cascabeles, al final de las vacaciones, al «Rincón de los Brujos». Eran suyas las marismas, los naranjales, arrozales, caminos que por los cotos cruzaban y llegaban, pinares de Aznalcázar, hasta El Rocío. Ensanchaban, decía la radio, la Patria, Viva el Ejército, Viva España...

—Menos mal que han dejado de decir viva la República —comentaban en el Club aquellos días de coches por la avenida camino de los pueblos, músicas militares y tranvías conducidos por los soldados.

Fue uno de tantos servicios rutinarios más. Llegó Guido por la mañana al cuartel de las milicias y acudió al cuarto de la planta baja donde Juan Romero, estampillado ya sargento, les daba las órdenes del día:

—Tenemos que ir a un servicio a Coria. Bueno, entre La Puebla y Coria...

«Montar un servicio»... La frase se le estaba haciendo habitual. Él montando los servicios, y por dentro el orgullo herido, las preguntas del señor marqués en alguna cena, ya tranquilizado el barrio:

—Hijo, ¿y a ti no te van a hacer nada? A Ramón Carranza lo han hecho alcalde, a Pedro Parias lo han hecho gobernador... Aquí a todo el mundo lo están haciendo cosas. Hasta a Raimundo Blanco lo he visto por ahí la otra mañana, con un mono blanco, como si fuera un aviador, y dice que es enlace del general. Y tú, hijo, por ahí por los pueblos, que un día te pueden dar un tiro. ¿Hablo con Ramón para que te hagan algo, hijo? De la Gestora que dicen que van a poner, porque han echado hasta a los concejales de derechas... Y tú, mucho correaje y mucho gorro, pero ya podían haberte hecho algo, hijo... ¿Por qué no te apuntas en lo de la Policía Montada? Tú tienes caballos en «Cortijo Herrera». Mira, el casero se podía ir de asistente contigo, porque les admiten un asistente si ponen el caballo...

Guido andaba apesadumbrado. Para ellos los despachos, y los discursos a las tropas de los camiones cuando, a la tarde, venían de liberar los pueblos. Para ellos, para los que no son nadie, piensa, los galones y las estrellas cogidos con un imperdible a la camisa, y los coches de escolta, y dos fusiles presentando armas a la puerta. Su madre había sacado la bandera de España y la había puesto en el balcón, con una estampa de colores del Corazón de Jesús que guardaba en un tomo encuadernado de La Ilustración Española y Americana. Habían empezado a ganar los suyos, otros camaradas habían montado los servicios para normalizar el Ayuntamiento, normalizar el Gobierno Civil, el Instituto, la Universidad... Y ahora no había llegado él.

—El problema, Guido, es que naciste tarde. Ni te hicieron comisario regio cuando la Exposición, porque eras un chiquillo, ni ahora te hacen nada. Hijo, si ahora no te hacen nada es para que te pegues un tiro, con lo que hemos sufrido por ti... Y las cosas del campo, con esta ruina encima, ya sabes cómo van. ¿Sabes cómo se encontraron «Cortijo Herrero» cuando entraron las tropas?

Estaba muy lejano «Cortijo Herrera» y muy cercano el cuartel de las Milicias. Se iban enterando de quién era Guido. Ese Pedro Parias va a enterarse de quién es Guido. Ese Ramón Carranza, cuando tomaron la Ciudad Jardín, supo quién era Guido. Cuando volvía al coche de aquel chalecito, enfundándose el pistolón, se lo había dicho el propio Ramón, con su zunga gaditana:

—Guidito, yo no sabía que eras un tío tan bragao...

Ahora va a salir el coche, entre Coria y La Puebla, y Juan Romero le explica la consigna por el camino. Por eso lo han llamado a él, un camisa vieja. Va el coche por los naranjales, y el río queda a la izquierda, polvareda entre las moreras de la carretera; atrás quedó la fábrica de abonos, el embarcadero, el ferrocarril de las Minas de Cala. Está fresquita la mañana. Se lo dice a Juan Romero:

—Las cabañuelas de agosto. Este cielo nublado es de las cabañuelas de agosto...

—¿Eso qué es?

—¿Tú no sabes qué son las cabañuelas de agosto? Lo aprendí en el campo. Mira, de ahora hasta el día doce, el tiempo que haga cada día es cómo va a ser ese mes del año. El día uno, cómo va a ser el tiempo de enero. El día dos, cómo va a ser el de febrero...

—O sea, que febrero va a ser nublado... Como hoy es día dos...

Pasan por Gelves, atraviesan Coria, mantones negros, puertas cerradas. Empieza a abrir el día cuando suben la cuesta que lleva a La Puebla. En el horizonte, sobre una loma, está la casa, junto a un crucero de piedra con hierro forjado.

—Es como un palacio moro, me han dicho. Aquélla debe ser —le comenta Juan Romero. Y hacen señas al coche que viene detrás, donde se le han unido unos camaradas de Coria que recogieron en el Ayuntamiento. Pasa el otro coche, más pequeño, y les va señalando el camino. Gira a la derecha y entran por un camino, pasan junto a la cruz de hierro sobre la columna. Paran todos. Se bajan con los fusiles en la mano los del otro coche.

—¿Qué pasa? Ésa es la casa...

—Juan, ve tú —le dice Romero—, yo me quedo aquí para luego daros escolta.

—Ven, hombre, si esto es un momento...

—Juan, que vayan ellos para allá... Quiero decirte una cosa...

Salen tres hombres hacia la casa, y se esperan ante

las tapias de ladrillo visto, mientras Juan Romero escucha lo que le tenía que decir Guido:

—No quiero que ese hombre me vea... Es amigo de un amigo mío...

—¿De quién?

—Tú no lo conoces, uno de la FEC. Id vosotros...

—Sí, aunque te vea, es como si no te viera más... ¿Tú no sabes cuáles son las órdenes lo mismo que yo?

—Ya hasta aquí no llego, Juan... Ellos allí en los despachos, y nosotros aquí...

—¿Qué estás diciendo? ¿Te has vuelto loco? Vamos, que después de lo de la Ciudad Jardín me vengas ahora con ésas...

—Ve tú, Juan; yo os espero dentro del coche. Voy a irle dando la vuelta...

Se monta en el coche, no quiere mirar siquiera aquella casa, los arriates de geranios y yerbas blancas y verdes, las almenas morunas, es como un palacio moro, les han dicho, no tiene pérdida, como el Pabellón Moro de la Exposición, y evoca lejanos tes con las muchachas de la Puerta Osario, ahora quizá con velos y mantones, y allí la escuadra, no bajo los luceros de que les habló el Jefe en el Frontón Betis, sino en el nublado de las cabañuelas de agosto.

Sobre el camino le va dando la vuelta al coche, se pone delante, se sienta, saca un cigarro, lo enciende, y se le ofrecen a la vista los lentos meandros del río, los naranjales, la ciudad al fondo, el paisaje marismeño ante el que en otro tiempo se sintiera señor, con la garrocha, y las vacas, y los erales, y ante el que ahora escucha las palabras que le comentó Paco Fuentes cuando hubo aquellas elecciones, y este hombre dicen que estuvo en el lío de Tablada, es un pedazo de pan, está siempre con lo de los moros, pero es un pedazo de pan, mi madre conoce mucho a su mujer.

Llega corriendo Juan Romero, enfundándose la pistola. Mira otra vez hacia la casa, pero no ve a nadie.

—Venga, Guido...

—Pero ¿y ese hombre? ¿No traéis a ese hombre?

—Tira para Sevilla, tenemos que llegar antes que ellos. Tú no sabes de quién es pariente la mujer...

—¿De quién?

—Luego te lo diré. Anda, vamos para Sevilla...

—¿Y yo tengo que conducir encima? ¿Y el chófer?

—El chófer se irá en el otro coche...

—Pero ¿no nos lo llevamos?

—Sí, se está terminando de tomar un café que le han sacado... Vamos, corre, tenemos que llegar antes que ellos, les he dicho que se paren en Coria...

—¿Pero ese hombre va a llegar a Sevilla?

—Ahora, sí. Ahora va a tener que llegar. Yo no me arriesgo a una cosa así.

Cuando volvieron a la carretera, Guido seguía mirando el lento río por entre los naranjales...

NO VOLVERÍAS a encontrarte a Paco Fuentes, Guido, hasta el día de la Virgen de los Reyes. Lo habías llamado, habíais quedado en ir a ver la procesión, a pedirle las tres gracias a la Patrona cuando saliera por la puerta de la Catedral al primer sol de la mañana. Estabais tomando calentitos y aguardiente, todavía anochecido, esperando que fuera la hora de la procesión, que os acababais de encontrar bajo los soportales, y Paco Fuentes te dijo que ya habían llamado a su quinta, que se lo había dicho un amigo de su padre, tardarían días todo lo más en movilizarlo. Era ya, Guido, y tú lo sabías, la guerra, sólo a cuyo final, cuando mueran los mejores, podrás ocupar el sillón que ahora ansías y que envidias en Ramón Carranza.

Visteis la procesión de la Patrona, os emocionasteis cuando salía al sol de la mañana, y sonaba otra vez la Marcha Real, la que habíais echado en falta aquel Jueves Santo que visteis a La Estrella y escuchasteis la saeta de la Niña de la Alfalfa. Iba otra vez la ciudad sobre la que te sentías dominador, los carráncanos con sus gorros de metal y sus velas rojas, y los trajes negros de la Sacramental del Sagrario, de la que había sido tu padre de muchacho, y el traje coral de los canónigos, y las sobrepellices de los curas, ¿de dónde habrán salido todos estos curas, dónde estaban estos cu-

ras?, le preguntaste a Paco Fuentes. Y cuando la procesión pasó, fuisteis viendo los balcones con las banderas, con las estampas, como la que había mandado poner tu madre en el balcón grande, el que estaba sobre la portada del escudo de piedra de los lejanos Fiori, cargadores de riquezas propias en la ciudad tan cercana, río abajo, a las Indias.

Y luego volvisteis a la Plaza, llamaste a Paco Fuentes para volver con él a la Plaza. Ahora ya no tenías que estar disfrazado, no te pusiste ni la gorrilla ni la camisa con el último botón abrochado, sin corbata. Estabas allí de uniforme, triunfador quizá ni de ti mismo, con los pantalones breeches, con las botas altas, que el criado dejó lustradas a la puerta de tu dormitorio esta mañana temprano, cuando aún no era de día; estabas con tu señorío insatisfecho y con tu camisa azul y tu correaje, salvador de tu tierra. Que iban a quitar aquella bandera que visteis poner a unos oscuros hombres de la ciudad que no conocíais, de la otra parte, donde ardieron la otra noche las torres y los artesonados. Que iban a quitar aquella bandera de los tres colores e iban a poner la vuestra.

Recordasteis cómo estaba la Plaza la otra vez y cómo ahora, ¿cuántos años habían pasado? Pensabas que era como un Corpus, las pamelas blancas, los uniformes, la sotana del cardenal arriba en el balcón, las gorras militares, las lágrimas, los balcones colgados, los letreros de luces arriba, en el balcón del Ayuntamiento, que se habían encendido la noche anterior, Viva España, Viva el Ejército, y los arcos de bombillas subrayando los medios puntos de la piedra, tapices en los balcones, con aquel Rey que has visto en su urna de plata, y con los dos obispos, las volutas doradas de los repos-

teros sobre un paño azul que es como el de tu camisa.

Te emocionas, Guido, y lloras, cuando ves que bajan una bandera, y sube la otra, y suenan las lejanas salvas, no los cañonazos contra el Gobierno Civil, sino las lejanas salvas, como cuando salía la Custodia en el Corpus, y hay saludos, y vuestros brazos en alto, y aplausos, y rezos, la gente también subida en lo alto de los tranvías, pero no como la otra vez. Los que vinieron la otra vez, Guido, tú mejor que nadie sabes dónde están. Éstos que ahora vienen, Guido, no te han puesto a ti de alcalde. Han puesto a los que están arriba en el balcón, siempre Guido, siempre te ocurre así, te vas a pasar la vida viéndolos salir y quitarse del balcón, la otra vez los empleados de Telégrafos, y los amigos de don Diego, y aquellos abogados, y aquellos médicos, y ahora estos militares, y el cardenal, y esos curas, y esos uniformes que son como el tuyo, que los llevan unos hombres más morenos que tú, pero que saludan como tú, y los ropones de los maceros, y los guantes blancos de los ordenanzas, y el correaje de los guardias municipales, y las tropas rindiendo honores.

Y ya ha pasado todo, Guido; ha sido tan breve como cuando ya han disparado tus camaradas y te acercas tú y suena dos veces tu pistola, como en la Ciudad Jardín, como en Carmona, como en Lora. Pero ahora, Guido, hay gritos, y desfila la tropa, y otra vez sentís la emoción lejana de cuando veíais a los soldados marchar a la guerra de África; la guerra de África la habéis traído ahora a vuestra plaza con naranjos, tú, artillerito de cuota dentro de tu camisa azul, la has traído con tu correaje y tus breeches.

Y le preguntas a Paco Fuentes, Guido, si ya no piensa en la notaría y en las oposiciones, y en la boda con

Rosario. Y no sabe Paco Fuentes, tardará muchos años en saberlo, Guido, que tú, una mañana, fuiste a Coria a por aquel hombre en una mañana de verano. Cuando las cabañuelas de agosto.

Cabañuelas: Cálculo que, observando las variaciones atmosféricas en los doce, dieciocho o veinticuatro primeros días de enero o de agosto, forma el vulgo para pronosticar el tiempo que ha de hacer durante cada uno de los meses del mismo año o del siguiente.

Diccionario de la Real Academia

Blas Infante fue detenido el 2 de agosto de 1936. Fue fusilado el amanecer en que terminaban las sangrientas cabañuelas de agosto de 1936.

Guido Flores seguirá viviendo en la ciudad de su señorío, triunfadoras sus armas, en la que habrá de ser la continuación de esta saga andaluza del fin de una aristocracia.

Las palabras del capítulo previo corresponden al testimonio de Rosario Delgado Cruz, criada de los niños de Blas Infante. Fueron grabadas por el autor en el recreo Villa Alegría, de La Puebla del Río, en junio de 1976.

Las situaciones que describe la novela son históricas, pero están montadas con personajes de ficción.

El capítulo «De una manera española» está dedicado a la memoria de José María Osuna, el primer escritor que habló del andalucismo después de 1936.

Mi gratitud a cuantos con sus testimonios a lo largo de los años me ayudaron a reconstruir ambientes y climas desaparecidos en la ciudad.

Índice

NOVELAS GALARDONADAS CON EL PREMIO ATENEO DE SEVILLA

1969 / *La sombra de las banderas.* Manuel Pombo Angulo
1970 / *Pepa Niebla.* Torcuato Luca de Tena
1971 / *Del ático al entresuelo.* Pedro Pablo Padilla
1972 / *Epitafio para un señorito.* Manuel Barrios
1973 / *Se vende un hombre.* Ángel María de Lera
1974 / *Todavía...* Rodrigo Royo
1975 / *Manú.* Cristóbal Zaragoza
1976 / *Planicio.* José Luis Olaizola
1977 / *Memorias inéditas de José Antonio Primo de Rivera.* Carlos Rojas
1978 / *Un viento que pasa.* José Salas y Guirior
1979 / *En Canarias se ha puesto el sol.* Jordi Sierra i Fabra
1980 / *Soy la madre.* Carmen Conde
1981 / *Toda la noche oyeron pasar pájaros.* José Manuel Caballero Bonald
1982 / *Las cabañuelas de agosto.* Antonio Burgos

NOVELAS GALARDONADAS CON EL
PREMIO EDITORIAL PLANETA

1952. EN LA NOCHE NO HAY CAMINOS. *Juan José Mira*
1953. UNA CASA CON GOTERAS. *Santiago Lorén*
1954. PEQUEÑO TEATRO. *Ana María Matute*
1955. TRES PISADAS DE HOMBRE. *Antonio Prieto*
1956. EL DESCONOCIDO. *Carmen Kurtz*
1957. LA PAZ EMPIEZA NUNCA. *Emilio Romero*
1958. PASOS SIN HUELLAS. *F. Bermúdez de Castro*
1959. LA NOCHE. *Andrés Bosch*
1960. EL ATENTADO. *Tomás Salvador*
1961. LA MUJER DE OTRO. *Torcuato Luca de Tena*
1962. SE ENCIENDE Y SE APAGA UNA LUZ. *Ángel Vázquez*
1963. EL CACIQUE. *Luis Romero*
1964. LAS HOGUERAS. *Concha Alós*
1965. EQUIPAJE DE AMOR PARA LA TIERRA. *Rodrigo Rubio*
1966. A TIENTAS Y A CIEGAS. *Marta Portal Nicolás*
1967. LAS ÚLTIMAS BANDERAS. *Ángel María de Lera*
1968. CON LA NOCHE A CUESTAS. *Manuel Ferrand*
1969. EN LA VIDA DE IGNACIO MOREL. *Ramón J. Sender*
1970. LA CRUZ INVERTIDA. *Marcos Aguinis*
1971. CONDENADOS A VIVIR. *José María Gironella*
1972. LA CÁRCEL. *Jesús Zárate*
1973. AZAÑA. *Carlos Rojas*
1974. ICARIA, ICARIA... *Xavier Benguerel*
1975. LA GANGRENA. *Mercedes Salisachs*
1976. EN EL DÍA DE HOY. *Jesús Torbado*
1977. AUTOBIOGRAFÍA DE FEDERICO SÁNCHEZ. *Jorge Semprún*
1978. LA MUCHACHA DE LAS BRAGAS DE ORO. *Juan Marsé*
1979. LOS MARES DEL SUR. *Manuel Vázquez Montalbán*
1980. VOLAVÉRUNT. *Antonio Larreta*
1981. Y DIOS EN LA ÚLTIMA PLAYA. *Cristóbal Zaragoza*